La mamie qui fait le poirier

Réflexions sur la vieillesse

Ann Richardson

Traduit par Catherine Loukakis

Ce livre est dédié à la mémoire de mon père

dont le regard original sur le monde

imprègne ces pages

comme il l'a fait dans ma vie

TABLE DES MATIERES

INTRODUCTION : LA VIEILLESSE N'EST PAS UN PAYS ÉTRANGER

Vers l'automne de mes soixante-dix ans, j'ai réalisé que j'aimais être vieille.

Ou plutôt, j'aimais être vieille, en bonne santé, et incroyablement chanceuse. La vérité c'est que j'ai aimé cela durant des années sans vraiment le reconnaître. Alors oui, il y a des inconvénients, évidemment. Mais je ne m'attendais pas à ce que les compensations soient si grandes. Il existe énormément de livres sur les exigences physiques et émotionnelles du vieillissement — la souffrance de devoir s'occuper d'un être cher, le veuvage, la survie à des maladies mortelles, pour n'en citer que quelques-unes —, je souhaitais donc écrire une ode au vieillissement.

Il n'y a pas si longtemps, je me suis souvenue de la citation de L.P. Hartley « Le passé est un pays étranger : on y fait les choses autrement qu'ici », qui est l'incipit du roman *Le Messager* écrit en 1953. Je me suis alors demandé si cela pouvait s'appliquer à mon propre passé. Mes pensées ont ensuite rapidement pris une autre tournure. La question qui me revenait sans cesse était de savoir s'il en était de même pour l'avenir du point de vue des jeunes. Voyons-nous la vieillesse comme un pays étranger, avec peu voire aucun repère familier auquel se rattacher ?

Lorsque j'étais jeune — c'est-à-dire quand j'avais moins de cinquante ans —, je pensais vraiment que l'avenir était un pays étranger. Il me paraissait curieux et difficile à appréhender. Et nul doute que les choses s'y faisaient différemment. J'observais les vieilles personnes qui m'entouraient, elles avaient d'autres centres d'intérêt, un autre caractère, nous n'avions rien en commun. Je n'attendais pas la vieillesse avec grande impatience.

Je savais pertinemment que je finirais par devenir une vieille dame, mais cela me semblait très abstrait. Moi, vieille ? Certainement pas. C'était littéralement inimaginable. Il valait mieux ne pas trop y penser.

Et en même temps, je présumais que si cela devait arriver, je ne serais pas la même personne. J'aurais le même nom et la même histoire, évidemment, mais la ressemblance s'arrêterait là. J'imaginais que lorsque j'arriverais comme par magie à cette étrange étape de ma vie de femme, je serais méconnaissable. Je ne serais plus celle que j'ai toujours connue. Cela allait être difficile — je ne saurais pas comment naviguer dans les méandres du temps qui passe. Ce serait un double problème d'apprentissage : un nouveau moi dans un nouveau paysage.

Je ne pouvais pas plus me tromper. Maintenant que je suis une vieille dame et que je me rapproche de mon 80e anniversaire, je me rends compte que la vieillesse — pour moi — n'est en rien un pays étranger. Oui, certains aspects de ma vie sont différents, mais je n'ai pas l'impression d'errer dans un paysage inconnu. Et beaucoup de choses sont restées les mêmes.

On aura beau ne pas fêter nos anniversaires, cela n'empêchera pas la vieillesse de s'installer subtilement. Seules quelques petites choses arrivent rapidement, comme la retraite, bien que dans mon cas, du fait que j'étais indépendante, le travail a simplement diminué peu à peu. Mais en général, les changements qui surviennent chaque année sont assez minimes — les cheveux qui blanchissent, les rides qui se creusent, et ainsi de suite. Vous marchez un peu plus lentement, vous entendez un peu moins bien, parfois vous rapetissez. La liste n'est pas exhaustive. Dès que vous avez intégré un changement, vous commencez déjà à vous habituer au suivant. Il peut parfois y en avoir plusieurs en même temps.

Pourtant, il y a très peu de chocs, décès et maladies excepté ce qui est encore une autre paire de manches. En même temps, d'autres choses se produisent. Certaines, vraiment négatives — des amis décèdent ou tombent malades. Votre énergie diminue progressivement, ce qui vous rend plus casanier. Votre corps ne répond pas toujours comme vous le voulez. Vous prenez davantage conscience de votre propre mortalité. C'est un moment propice à la réflexion.

D'autres, très positives : vous aurez peut-être des petits-enfants qui vous apporteront beaucoup de joie et prendront une place importante dans votre vie. Votre relation avec vos enfants devenus adultes va changer et, avec un peu de chance, s'approfondir. De même pour les relations amicales. Sans oublier le mariage. Et vous vous sentirez bien plus à l'aise dans votre peau. Vous serez la meilleure version de vous-même.

Plus important encore, plus vous vous habituerez à ces changements, plus vous réaliserez que vous êtes toujours vous.

Bonne ou mauvaise, la métamorphose n'est pas incroyable. Quels que soient votre caractère et votre personnalité à trente ans, vous ne serez pas bien différent à soixante ans, soixante-dix ans, ou plus. Si vous étiez une personne optimiste dans votre jeunesse, vous le serez toujours plus tard. Si vous aviez tendance à paniquer face à l'imprévu, il est fort probable que vous paniquerez encore. Si vous vous moquiez de ce que la vie vous réservait, vous vous en moquerez toujours. Tout devient beaucoup plus familier.

Je me suis rappelé que lorsque ma mère avait environ cinquante ans, elle a déclaré à mon père qu'elle avait décidé de devenir une « vieille excentrique ». À l'époque, cela me semblait être une belle ambition, mais mon père a ri — « tu n'as jamais été excentrique de ta vie », a-t-il répondu très justement, « tu ne le seras jamais plus tard. Tu seras *toi*. » Et il avait raison. Elle n'est jamais devenue le moins du monde excentrique. Elle est décédée à quatre-vingt-onze ans après une période de démence, mais elle est restée une femme sérieuse jusqu'à la fin.

Tout le monde ne sera pas d'accord, mais je pense que c'est une bonne nouvelle. Cela signifie que lorsque vous deviendrez vieux, — quelle que soit la vision que vous en avez —, vous aurez vécu avec vous-même pendant longtemps et serez susceptible de savoir comment faire face à vos propres habitudes. Vous devenez vous-même, voire plus encore. Vous pouvez vous détendre et profiter davantage de chaque jour. Oui, il y a de nouveaux défis, mais ils sont adoucis par de nouvelles joies. C'est inévitable, mais ce n'est pas une fatalité. C'est en tout cas ce qu'il faut espérer.

C'est là tout le sujet de ce livre.

MOMENTS DE VIE

« Pourquoi tous ces gens descendent-ils dans la terre ? »

1959

J'avais dix-sept ans, j'allais rentrer à l'université quelques semaines plus tard et je me tenais au sommet de l'Empire State Building avec un groupe d'étudiants africains fraîchement débarqués. Ils étaient excités et emplis d'espoir d'être enfin aux États-Unis et bientôt envoyés à leurs universités respectives. Pourtant, alors qu'elle admirait la ville de New York dans toute sa gloire, une jeune femme à côté de moi s'est mise à pleurer. J'ai posé mon bras sur le sien, timidement, et lui ai gentiment demandé pourquoi elle pleurait. Elle m'a répondu qu'elle avait peur de ne finalement pas aimer l'Amérique. Dans son pays, tout était vert, il y avait plein d'arbres, une végétation abondante, tout était beau. Les États-Unis semblaient très différents.

Je n'avais évidemment pas pensé à ce qui se passait dans l'esprit de ces étudiants. Cela a marqué le début d'une vie entière à appréhender le monde du point de vue des autres. Fort heureusement, j'ai eu le bon sens de lui demander dans quelle université elle était envoyée. L'université de l'Iowa, a-t-elle répondu. Je lui ai promis qu'il y avait une végétation abondante dans l'Iowa. Son humeur a changé et un large sourire s'est dessiné sur son visage. « Vraiment ? Merci ». Je n'ai jamais su ce qu'elle était devenue.

Ce qui m'a amenée là ? L'année précédente, le révérend James Robinson, un prêtre noir charismatique, était venu à mon école pour nous parler de son projet d'envoyer des étudiants américains faire un chantier en Afrique. J'ai immédiatement accroché et j'ai voulu y aller (voir le chapitre suivant). J'ai commencé à m'intéresser à tout ce qui touchait à l'Afrique.

En cherchant quoi faire cet été-là, j'ai contacté l'*American Committee on Africa*, une organisation dédiée à renforcer les relations entre l'Afrique et l'Amérique, et je leur ai demandé si je pouvais me rendre utile. Ils m'ont volontiers acceptée comme bénévole. Je ne me rappelle plus exactement ce que j'ai fait pour eux, sans doute des tâches assez minimes — de la dactylographie, du classement… j'y ai travaillé quotidiennement durant plus de deux mois.

J'ai été joliment récompensée lorsque, à la toute fin de l'été, ils m'ont proposé de les aider à accueillir un groupe d'environ quatre-vingts étudiants kényans à New York. C'était le premier de ce qui allait devenir un « pont aérien » assez connu qui permit à des étudiants kényans de venir étudier aux États-Unis et qui s'est déroulé durant quatre ans environ. Le très célèbre homme politique kényan Tom Mboya est venu aux États-Unis, a suscité l'intérêt de personnes clés pour le projet et a réuni les fonds nécessaires pour le financer.

Le projet a éveillé l'attention des médias. Ce n'était pas la première fois que des étudiants africains venaient étudier aux États-Unis, mais c'était la première fois qu'ils venaient en si grand nombre. En ce qui me concerne, avec le recul, c'était la première fois que l'on me confiait une si grande responsabilité, aux côtés d'un jeune et sympathique Kényan comme collègue et pseudosuperviseur. Les étudiants devaient rester à New York deux ou trois jours seulement, pour une période d'orientation, avant de se rendre dans leur université d'accueil.

Notre travail consistait tout d'abord à enregistrer les étudiants arrivants et à consigner les détails de leur parcours, les informations concernant l'endroit où ils devaient étudier et obtenir d'autres renseignements pratiques tels que leurs éventuelles sources de financement ou encore, selon leur destination, savoir s'ils possédaient un manteau d'hiver.

Ensuite, nous leur avons fait visiter New York par petits groupes. Les dépenses étaient fortement surveillées par nos supérieurs et il a été question de savoir s'ils allaient ou non payer pour que je puisse moi aussi monter au sommet de L'Empire State Building. Heureusement pour moi, ils ont décidé que je méritais une récompense, après avoir travaillé tout l'été bénévolement. Et voilà comment j'en suis venue à observer ma ville natale à travers les yeux d'un groupe de jeunes d'environ mon âge, qui n'avaient jusque-là jamais mis les pieds hors de leur village africain. Enfin, certains venaient de Nairobi, mais New York restait un monde à part.

Comme tout nouveau touriste, ils étaient impressionnés par la taille et le bruit de la ville. Il n'était pas simple de tout absorber.

C'était une véritable révélation. Ils posaient énormément de questions. J'aurais aimé pouvoir toutes me les rappeler, mais je me suis toujours souvenu de la suivante : « Pourquoi tous ces gens descendent-ils dans la terre ? » Cela m'a pris plusieurs minutes pour comprendre ce que me demandait ce jeune garçon. Oui, le métro de New York pouvait sembler étrange si on était habitué à la campagne.

Cette histoire comporte une note historique totalement inattendue. Ces ponts aériens ont continué pendant plusieurs années. Un an plus tard, en 1960, un autre étudiant, que je n'ai évidemment jamais rencontré, est arrivé aux États-Unis par ce biais, est allé étudier à Hawaï et est tombé amoureux d'une fille de la région.

Son fils n'était autre que le futur président Barack Obama.

Indépendance

1960

Nous savons tous que les pays s'unissent et se séparent parfois. Nous savons aussi qu'il vaut mieux ne pas être là lorsque cela arrive. En juin 1960, le Sénégal a obtenu son indépendance de la France, dans le cadre d'une vaste période de décolonisation. L'année précédente, il s'était joint à son voisin pour former la Fédération du Mali, mais cette union a éclaté fin aout 1960. Je le sais. J'y étais. J'avais un avion à prendre et j'étais au mauvais endroit au mauvais moment. J'avais dix-huit ans, j'étais effrayée. J'ai soudain eu l'impression que j'avais pris une mauvaise décision et que je n'allais peut-être pas m'en sortir.

J'avais suivi mon rêve de participer à un chantier en Afrique, sous l'égide de ce qui s'appelait — et s'appelle toujours — *Operation Crossroads Africa*. En juin 1960, je me suis envolée pour Dakar, au Sénégal, avec une trentaine d'autres étudiants américains. D'autres groupes s'étaient rendus dans d'autres pays d'Afrique occidentale. Plus tard, le programme s'est davantage étendu, mais là, c'était le début.

Mon groupe a d'abord été accueilli par l'Université de Dakar. Après une semaine d'orientation, nous devions, avec l'aide d'un petit contingent d'étudiants africains, construire une école à Rufisque, une ville de pêcheur le long de la côte atlantique.

Ce sont ces étudiants que je retiens le plus de mon expérience. À l'époque, l'Université de Dakar était la seule à accueillir des étudiants d'Afrique française et elle attirait les meilleurs. Certains parmi les plus âgés avaient vécu et étudié à Paris un moment. D'autres avaient été invités en Russie ou en Chine et y avaient passé quelque temps. Ils connaissaient bien mieux le monde que nous, Américains, c'en était gênant. Ils en savaient même plus que nous sur la politique américaine. Je me souviens particulièrement avoir été sans arrêt interrogée sur Caryl Chessman, qui venait d'être exécuté en Californie et était devenu mondialement célèbre. Je savais à peine qui c'était, d'autres de mon groupe n'en avaient même jamais entendu parler. Nous n'arrivions pas à suivre.

Bien qu'ils nous aient rejoints à Rufisque, la plupart de ces étudiants africains ne voyaient pas l'intérêt de passer leurs vacances à effectuer un travail physique et, les uns après les autres, s'en sont lentement retournés à leurs études ou autres activités à Dakar. Je me suis malgré tout liée d'amitié avec un homme en particulier, Mark, vingt-cinq ans, qui avait déjà passé trois ans à Paris. Il dirigeait une émission de jazz à la radio sénégalaise et m'avait l'air très sophistiqué. La famille de sa petite amie, une Française, ne les laissait pas se voir, et mon petit ami était au pays, donc on passait beaucoup de temps ensemble.

En l'espace de deux mois, l'école fut dûment construite, avec l'aide d'artisans, de maçons et de géomètres locaux, et une date fut fixée pour célébrer notre réussite. C'était un jeudi de la fin du mois d'aout, nous devions rentrer chez nous et prendre l'avion pour une escale à Paris le lundi suivant. Si je me souviens bien, le ministre de l'Intérieur était venu donner un discours. Mon ami Mark m'avait proposé, ainsi qu'à un couple d'Américains, de visiter sa ville natale, Saint-Louis, une vieille ville au nord du Sénégal, pour le week-end.

C'est dans le train en direction de Saint-Louis ce soir-là que nous avons appris la rupture entre le Mali et le Sénégal; l'état d'urgence avait, je crois, été déclaré. Cela signifiait, entre autres, que tous les transports nationaux devaient cesser de rouler. Je me souviens m'être demandé si l'inauguration de notre école allait être le dernier acte officiel de ce gouvernement éphémère. Mais plus important, nous étions au mauvais endroit au mauvais moment. Il n'y aurait plus de train retour pour Dakar. Nous devions y être avant le dimanche soir. J'étais vraiment effrayée.

Nous avons passé le jour suivant à Saint-Louis à courir d'une administration à une autre. Mark avait un ami qui connaissait le maire de la ville, nous avons donc commencé par là. Il lui a expliqué notre problème, tout le monde était très compréhensif, mais il était difficile d'organiser un transport alternatif. Finalement, quelqu'un nous a proposé un petit pick-up, avec chauffeur, pour nous ramener à Dakar le jour suivant. Je n'ai aucune idée de ce que cela a coûté. Je n'y ai même pas pensé sur le moment. Je dois peut-être une somme considérable à mon ami Mark.

Cela nous a pris la majeure partie de la journée pour parcourir les 300 kilomètres. L'arrière d'un pick-up n'est pas ce qu'il y a de plus confortable pour y passer des heures, mais nous étions tellement soulagés de l'avoir que nous ne nous sommes jamais plaints. Je me souviens qu'à un moment nous nous sommes arrêtés et j'ai vu notre chauffeur étaler son tapis de prière et se prosterner. Je me souviens que ce soleil africain intense, auquel nous ne pouvions échapper, était éreintant.

Nous avons fini par rentrer, et avons eu suffisamment de temps pour faire nos valises. Notre expérience en Afrique s'est terminée tragiquement. Nous nous sommes envolés pour Paris le lendemain. Réflexion faite, ce fut une période d'indépendance pour beaucoup de pays africains, et une période d'indépendance vers l'âge adulte pour moi. Nous avons tous appris à faire face aux inévitables problèmes liés aux voyages à l'étranger.

Et je n'ai jamais pu visiter la vieille ville de Saint-Louis.

La future belle-mère

1962

Je suppose que la plupart d'entre nous se souviennent de la première rencontre avec les futurs beaux-parents. Bien lavée, habillée plus solennellement qu'à l'accoutumée, nerveuse comme pas possible… C'est du moins comme cela que moi je l'ai vécu. J'étais partie étudier à Londres (dans le cadre de la traditionnelle « *junior year abroad* », la première année d'étude à l'étranger, bien connue aux États-Unis) et j'étais tombée amoureuse d'un étudiant britannique. À cette période, nous ne parlions même pas de mariage, mais je pense que nous savions tous les deux que nous nous dirigions vaguement dans cette direction.

Dans mon cas, il n'y avait que la mère, son mari étant mort cinq ans plus tôt. J'ignore qui était la plus nerveuse de nous deux. Je savais déjà que c'était une femme difficile, alcoolique et très critique. Je ne sais pas ce qu'elle avait entendu de moi, mais le fait d'être américaine ne jouait pas en ma faveur.

Elle appartenait à la classe ouvrière traditionnelle. Elle pensait que son fils était remarquable par le simple fait d'aller à l'université — avant même qu'il ne passe son doctorat et ne devienne professeur d'économie. L'on m'avait dit qu'elle approuvait rarement les personnes du sexe opposé que lui ou son frère ramenaient à la maison.

Je savais que je devrais la rencontrer un jour, j'ai donc fait de mon mieux. Je n'avais que dix-neuf ans et j'étais peu encline à faire les choses « correctement ». J'ai attaché mes longs cheveux, mis mes plus beaux habits, et j'ai essayé d'avoir l'air convenable. Les choses ont plutôt mal commencé lorsque, sur le chemin, le conducteur du bus, qui percevait les tarifs à l'époque, a demandé : « Est-ce que la jeune fille a plus de quatorze ans ? », le tarif étant plus cher dans ce cas.

Peut-être que, comme partout ailleurs, la solution de cette femme au problème de notre rencontre était de sortir le grand jeu — en proposant ce qu'elle pensait être un festin. Elle ignorait que j'étais petite et que mon appétit était limité. Cela n'augurait rien de bon. Après quelques formalités, nous avons été invités à passer à table. Le repas a commencé par un grand bol de soupe en boite, que je me devais de terminer évidemment, ce qui ne me laissait que peu de place pour la suite. Elle a ensuite proposé un gros morceau de steak, je savais qu'elle pouvait difficilement se le permettre, ainsi que trois sortes de pommes de terre — bouillies, rôties et en purée — synonymes d'un très bon repas pour la classe ouvrière britannique de l'époque. Il y avait sans doute également quelques légumes trop cuits. Je ne me souviens pas de tous les détails.

J'avais toujours aimé la bonne nourriture, et je suis capable de manger ce que l'on me donne dans des conditions normales. Je savais pertinemment bien qu'elle essayait de me montrer que j'étais la bienvenue. Mais c'était une épreuve terrible. Trop de nourriture à tous les niveaux. Et pas de chien à qui glisser discrètement un morceau de viande pour faire disparaître les preuves. Elle a eu l'air très déçue lorsque je lui ai dit que je n'avais plus faim pour le dessert qu'elle nous avait préparé.

Il n'est sans doute pas étonnant que je n'aie que peu de souvenirs de la conversation. Cela a dû être très guindé, car nous n'avions rien en commun et étions tous très nerveux. Nous avons probablement parlé de la pluie et du beau temps, ou à quel point j'aimais l'Angleterre, sujet potentiel lorsque je rencontrais de nouveaux Anglais.

Ce dont je me souviens, c'est qu'elle avait décidé qu'un bon moyen de terminer la journée était d'aller à l'église de Evensong. Aucun de nous n'étions un tant soit peu religieux, mais j'étais ravie d'avoir autre chose à faire que discuter inlassablement. Mon futur mari pensait que c'était drôle sur le moment, dans la mesure où elle ne serait jamais allée à l'église toute seule. Mais nous nous y sommes rendus et avons gentiment commenté le service ensuite.

Et comment m'en suis-je sortie ? À ma grande surprise, l'on m'a dit qu'elle m'avait trouvée « très gentille ». Cela en dépit d'avoir la mauvaise nationalité, de ne pas m'intéresser aux études et, pire que tout, d'être la petite amie de son fils. J'avais tant bien que mal passé le test.

Je n'ai revu cette femme qu'une seule fois après notre visite, au mariage du frère de mon petit ami. Il ne voyait pas l'intérêt pour moi de la revoir, d'autant que lui-même ne la voyait que très peu. Durant l'été, nous sommes tous deux partis aux États-Unis pour poursuivre nos études. Nous nous sommes mariés un an plus tard, une semaine après ma remise de diplôme.

Dix-huit mois environ après cette première rencontre, nous avons reçu un télégramme nous informant que sa mère avait eu une crise cardiaque, qu'elle était tombée dans les escaliers et qu'elle était morte.

Ce jour-là, nos futurs enfants ont perdu une de leur grand-mère.

Introduction

Je pense que la plupart d'entre nous, les vieilles personnes, sont terriblement surprises d'apprendre que nous appartenons à la catégorie des « vieux ». Cela commence traditionnellement à l'âge de soixante ou soixante-cinq ans, et certains vont débarquer avec les chaussures cirées et leurs plus beaux vêtements, tirés à quatre épingles comme pour une rentrée au collège. Comment cela va-t-il se passer ? Est-ce que les gens vont m'apprécier ? Est-ce que je vais m'en sortir ? D'autres vont tout simplement nier que cela arrive voire l'ignorer complètement.

Et, tout comme au collège, nous apprenons généralement à nous intégrer. En effet, nous réalisons que nous sommes tous plus ou moins dans le même bateau, que nous faisons face aux mêmes peurs, aux mêmes ajustements, aux mêmes nouveaux plaisirs. Tout va bien, c'est normal, je m'y retrouve. Ce n'est pas la meilleure analogie, car au collège on continue d'évoluer, mais il faudra s'en contenter.

Ce chapitre explore la surprise d'en être arrivé là.

Sommes-nous vieux ?

Un groupe d'amies discute, parle de leur vie. L'une d'elles, âgée de soixante-et-onze ans, laisse entendre qu'elle commence à se sentir vieille. Son amie, soixante-neuf ans, répond : « moi pas, je ne suis pas vieille, je travaille même à temps partiel ». Leur amie, soixante-quinze ans, ajoute : « Moi non plus. Je me sens pleine d'énergie. » Il y a comme un air de triomphe. Mais que se passe-t-il ? Si elles ne sont pas vieilles, qui l'est ?

La question fondamentale est : quel est ce « vieux » qu'elles ne ressentent pas ? Il s'agit certainement d'une image à laquelle elles ne peuvent pas — ou ne veulent pas — s'identifier. Je pense qu'elle remonte à celle que l'on a de nos grands-mères — ou de toutes autres femmes que l'on a connues — qui s'attendaient, elles, à être considérées comme « vieilles ».

Ces femmes portaient des chaussures confortables et des vêtements adaptés à leur âge. Elles raccommodaient les chaussettes et cuisinaient absolument tout à partir de rien. Elles restaient à la maison à tricoter ou sortaient avec leurs amies pour une activité sédentaire, comme jouer au bridge ou au bingo. Elles n'auraient jamais songé à suivre un cours de gym. À moins d'avoir eu besoin d'argent, la plupart n'avaient jamais travaillé — et si elles l'avaient fait, elles avaient pris leur retraite des années auparavant. En fait, elles ne s'attendaient pas à vivre longtemps, l'espérance de vie étant bien plus faible qu'aujourd'hui, soixante-dix ou soixante-et-onze ans peut-être. Elles étaient arrivées à la dernière étape de leur vie. Elles paraissaient vieilles à nos yeux, mais plus important sans doute, elles paraissaient vieilles aux leurs.

Notre génération est totalement différente. Nous jouons au tennis, nous sortons ensemble si nous le voulons, certains d'entre nous — personne ne sait exactement combien — ont des relations sexuelles. Nous portons les vêtements que nous avons toujours eu l'habitude de porter — et, bien sûr, nous ne nous sentons pas vieux. Nous disons des choses comme « on a l'âge que l'on ressent », ou bien « l'âge c'est juste un nombre » ou encore « soixante c'est le nouveau quarante » et nous sommes fiers de notre façon de nous maintenir en forme. Nous nous sentons jeunes et pleins de vie. Nous voilons-nous la face ?

Les gens semblent craindre l'idée d'être — voire de paraître — vieux. Comme on le remarque constamment, nous vivons une culture de la jeunesse et chacun veut sentir qu'il en fait encore partie. Nous pouvons teindre nos cheveux, subir des liftings — sans parler d'autres opérations ici et là — et cacher plutôt bien notre âge avancé. Nous ne sommes, à tous égards, pas « vieux » aux yeux des autres. Il nous est donc facile de dire que nous sommes loin d'être vieux.

Bien sûr, certains d'entre nous se sentent vieux. Nous souffrons de maladie ou d'un handicap, nous avons été témoins de décès importants, peut-être avons-nous soigné un mari, une épouse, un ami. Nous ne sommes plus capables de faire ce que nous faisions avant. Nous acceptons la situation et affirmons sans difficulté que nous ne sommes plus tout jeunes. Il s'agit d'une partie importante de notre génération, mais ce n'est pas le sujet de ce livre.

En vérité, qu'y a-t-il de mal à être vieux ? Pourquoi nous sentons-nous diminués à l'idée même d'être classés dans cette catégorie ? Si nous avons passé l'âge de la retraite — et pour beaucoup d'entre nous c'était il y a longtemps — alors nous ne sommes chronologiquement pas vraiment jeunes. Pourquoi ne pas le dire ouvertement ?

Nous avons ce qui fait précisément notre âge : une grande expérience de toutes sortes de personnes et de situations. Nous avons dû affronter — et surmonter — bien des crises. Nous avons traversé toutes les étapes de la vie et aidé nos enfants et peut-être même nos petits-enfants à surmonter leurs propres difficultés. Et, par-dessus tout, nous avons acquis une confiance à toute épreuve grâce à ces expériences. Certains diront que nous sommes devenus sages.

Mon père, qui avait toujours l'air plus jeune que son âge, a travaillé pour une organisation internationale qui l'a mis en contact avec des gens du monde entier, y compris d'Asie orientale. Il a eu beaucoup de mal à gagner en autorité auprès d'eux, en raison de l'importance qu'ils accordaient à l'âge. Il m'a raconté que dès qu'il en avait l'occasion il glissait que ses enfants allaient à l'université — ou au-delà — afin qu'on le prenne au sérieux.

Certains d'entre nous sont donc heureux de révéler leur âge et d'autres vont le nier jusqu'à la fin. La question primordiale, à mon sens, est de savoir si cette information nous affaiblit ou nous renforce. Pouvons-nous apprendre à nous adapter à notre troisième âge et à apprécier d'être vieux ?

Selon moi, cela ne durera peut-être pas longtemps — qui sait — mais c'est formidable d'être là.

Comment savons-nous que nous avons l'air vieux ?

La question de savoir quand nous sommes officiellement considérés comme un adulte et non plus comme un enfant est étonnamment compliquée. Cela semble se situer entre seize et vingt-et-un ans, mais il existe bon nombre de définitions qui diffèrent d'un pays à l'autre et aux États-Unis, d'un État à l'autre. Êtes-vous en âge de vous marier ? De conduire ? De vous engager dans l'armée ? D'utiliser les services de santé pour adultes ? C'est un fameux champ de mines.

La question de savoir quand nous sommes officiellement considérés comme vieux varie également, mais cela se situe généralement à l'âge de la retraite, entre soixante et soixante-cinq ans. Lorsque j'étudiais la politique sociale, une distinction supplémentaire était faite entre les vieux jeunes (de soixante à soixante-quatorze ans) et les vieux vieux (plus de soixante-quinze ans). J'ai été frappée par cette pensée le jour de mon soixante-quinzième anniversaire : j'étais désormais vieille vieille.

Quant à la question parallèle, quand commençons-nous à remarquer que les autres nous considèrent comme vieux, elle est beaucoup plus subtile. Pour moi, cela a débuté dans le métro londonien. Je me souviens parfaitement bien la première fois que c'est arrivé. J'avais une soixantaine d'années, j'étais debout dans la rame, comme tous les jours, et je ne pensais à rien de particulier. Un jeune homme assis faisait des signes pour attirer l'attention de quelqu'un derrière moi, pensais-je. Mais j'ai regardé et il n'y avait personne. Mon cerveau a réévalué la situation et j'ai réalisé que c'était mon attention qu'il tentait d'attirer. Mais, pourquoi ?

Bien sûr, il voulait me laisser sa place. À moi ! Quelle drôle d'idée ! J'étais jeune, capable, et je lui ai fait signe que ça allait. C'est la toute première fois que j'ai pris conscience d'être catégorisée « vieille » et cela m'a fait un choc. Et puis cela s'est produit plus souvent. Me signifier qu'une place se libère. Se lever pour m'offrir un siège directement. Dans le métro, dans le bus. De plus en plus souvent.

Il y a eu une période où j'avais mal au dos et m'asseoir était très douloureux. Je refusais fréquemment les offres. Mais dès que quelqu'un décide que vous avez besoin de sa place, il est très difficile de l'en dissuader. Il est arrivé une ou deux fois que j'accepte le siège que je ne voulais pas simplement parce que c'était trop compliqué d'expliquer mon problème au sauveteur impatient. D'après mon expérience, les femmes sont plus susceptibles de laisser leur place que les hommes et les personnes âgées plus que les jeunes. Ce sont, le plus souvent, des étrangers, emplis d'un savoir-vivre dont les Londoniens endurcis manquent parfois cruellement. Je pense vraiment que cela arrive plus souvent. Peut-être parce qu'il y a davantage d'étrangers dans les transports en commun. Ou peut-être parce que les Londoniens en général sont plus conscients du problème. Même les jeunes garçons, perdus dans leur propre monde, proposent leur siège parfois. Ou peut-être que je suis vieille, tout simplement.

Cela arrive parfois aussi aux hommes âgés. Mon mari en a d'ailleurs plus besoin que moi, à cause de son genou. Si nous étions ensemble, j'essaierais de faire en sorte qu'il ait une place assise, même s'il est difficile de le convaincre de s'asseoir si je ne le fais pas.

Et pourtant, plus je vieillis, plus j'accepte volontiers un siège, j'essaie même parfois d'en avoir un. Je dois bien l'admettre, cela aide.

C'est un merveilleux soulagement pour mes pieds.

Son et lumière

Je parlais récemment à des amis du fait que j'écrivais un livre sur notre vieillesse. J'ai probablement utilisé le mot « vieux ». L'une d'elles m'a immédiatement demandé d'être prudente et de ne jamais utiliser le mot « vieux », « nous sommes plus âgés, pas vieux », a-t-elle insisté. Cela concernait aussi bien les hommes que les femmes.

Cela m'a fait réfléchir. Tout le monde fait très attention au problème du nom à donner aux personnes âgées (ou vieilles), comme s'il s'agissait d'une situation embarrassante sur laquelle il ne valait mieux pas trop attirer l'attention. Ce n'est pas propre aux femmes, mais elles semblent plus particulièrement concernées.

Allons bon ! Quelle histoire ! Au Royaume-Uni, les personnes âgées ont longtemps été appelées « personnes retraitées », souvent abrégé en « retraitées » ou « OAP »[1]. Toute femme de plus de soixante ans (ou homme de plus de soixante-cinq ans) était considérée comme une OAP, à juste titre puisqu'elles recevaient une pension de l'État. Même si l'expression était utilisée de manière descriptive, elle faisait immédiatement penser à une personne légèrement courbée et éventuellement appuyée sur une

---

[1] Pour 'Old Age Pensioners' *ndlt.*

canne, comme ces panneaux routiers qui préviennent les conducteurs de faire attention aux vieilles personnes des environs. Les retraités devaient être pauvres, mener une vie tranquille et ne plus vivre très longtemps. Je ne sais pas quand cela s'est produit, mais ce terme semble passé de mode.

Entre-temps, le terme « senior » est devenu très populaire aux États-Unis et a pris de l'ampleur en Grande-Bretagne. Outre la confusion avec les étudiants en dernière année de lycée ou d'université, tous deux appelés seniors à mon époque, ce mot a toujours eu un désagréable goût d'euphémisme. Après tout, qui voudrait être appelé « junior » ? C'est pourtant bien son contraire.

Avec le vieillissement de ma génération, les personnes âgées sont parfois appelées « *baby-boomers* » de manière descriptive. Le problème pour moi est l'association avec le mot « bébé », un qualificatif méprisant pour les femmes qui m'a toujours paru profondément blessant. Parfois, le terme est raccourci en « *boomers* », souvent considéré comme péjoratif. Certaines tournures sont utilisées de manière plus formelle, comme « personnes du troisième âge » afin de ne pas paraître condescendant. Les comiques « vioque » ou encore « ancêtre » apparaissent de temps à autre.

Nous savons tous qu'il existe des tas de noms pour décrire une personne âgée, en particulier les femmes, décrépite, plus capable de penser et, franchement, quelconque. Vieille bique, vieille sorcière, vieux sac, vieille cruche… Même le terme « surannée », bien que sensiblement plus respectueux, n'est pas un qualificatif auquel nous aspirons. Quant à la politique, l'expression anglaise *blue rinse brigade*[2] suggère un penchant plus conservateur. Pour ceux qui l'ignorent, il est courant pour les femmes plus âgées d'appliquer un rinçage bleu afin de cacher leurs cheveux gris, leur donnant ainsi une teinte légèrement bleutée.

Il arrive qu'occasionnellement un terme désignant les personnes âgées paraisse réellement respectueux. Dérivé des discussions sur les personnes âgées dans d'autres sociétés, le mot anglais « *elder* », « aîné », qui dénote une pointe de sagesse, est devenu à la mode. Il n'est pas vraiment utilisé dans le langage courant. Ensuite, il y a les insultes directes. Lorsqu'il était adolescent, mon fils utilisait les termes « croulant » ou « fripé » pour parler des vieilles personnes. Au moins, cela avait le mérite d'être un peu drôle.

Pour finir, je ne peux omettre ma préférée. Une amie m'a raconté qu'il y a quelques années, les Français parlaient de « vieilles femmes », « très vieilles femmes » et « son et lumière » — le même que celui joué sur les anciens châteaux ou monuments de France. J'ai essayé d'en trouver un usage récent, mais hélas, aucun de mes amis français n'a pu m'aider. Je prends tout cela avec le sourire, après tout il y a bien plus important.

Oh, mon dieu, ma fille a cinquante-deux ans

Ma fille a récemment eu cinquante-deux ans. Oui, cinquante-deux. Comment est-ce arrivé ? J'avais moi-même cinquante ans il y a quelques mois à peine — c'est ce qu'il me semble en tout cas. Quand il s'agit de nos enfants, le temps semble fonctionner différemment. On fait ce qu'on a à faire, on vaque à nos

---

[2] Littéralement « Brigade de rinçage bleue », cette expression désigne les dames âgées engagées dans la politique et les activités liées au parti conservateur. *ndlt*

occupations, et quelque part en arrière-plan, on a vaguement conscience du temps qui passe. On a tendance à ne pas remarquer, ou dans certains cas à tout faire pour ne pas voir que l'on prend de l'âge.

Mais comment nos enfants peuvent-ils grandir si vite ? Il y a quelques années seulement, nous les pourchassions dans le parc ou les aidions à traverser la dure période de l'adolescence. Il n'y a pas si longtemps, nous les observions se faire une place dans leur vingtaine et trentaine. Ils trouvaient un travail, le quittaient, en trouvaient un autre. Pareil en amour. Et c'était bien. On s'inquiétait, évidemment, mais c'était ce qu'ils étaient censés faire à cet âge.

Et soudain, ils vieillissent. Ils s'installent, fondent un foyer avec leur partenaire — et, juste ciel, finissent par avoir eux-mêmes des enfants.

Plus l'on vieillit, plus le temps semble filer. Quand nous étions enfants, il semblait s'étirer à l'infini. À Noël, l'été paraissait à des années-lumière. On attendait impatiemment d'avoir un an de plus, d'avoir sept ans quand on en avait six, mais est-ce que cela ne prenait pas énormément de temps ? C'était dans l'ordre des choses que le temps passe lentement et, pour ma part, il ne pouvait en être autrement.

Lorsque l'on atteint la trentaine et la quarantaine, le temps s'accélère un peu, mais pas trop. Les enfants nous tiennent tellement occupés que nous ne pensons pas au temps en tant que tel. Leurs anniversaires semblent peut-être arriver plus rapidement que le nôtre, leurs amis grandir très vite. Mais la vitesse à laquelle certaines choses se produisent n'a rien d'alarmant.

J'ai toujours utilisé l'âge de mes enfants comme repères pour des moments particuliers — nous avons déménagé lorsque ma fille avait sept ans, un ami proche est décédé quand mon fils en avait dix. C'était plus facile de se souvenir des dates, car les années ont tendance à se fondre les unes aux autres avec une facilité déconcertante. En revanche, l'âge de mes petits-enfants n'offre pas de marqueurs utiles, ils grandissent bien trop vite. Une minute ils apprennent à lire, la minute d'après ils apprennent le mandarin. Ils passent de l'enfance à l'adolescence en un clin d'œil.

Et vos amis sont constamment surpris par les âges. Ton fils a vraiment trente-neuf ans ? — Je me souviens de son entrée à l'université comme si c'était hier ! Ta fille est maman ? Chaque ami est surpris par une information différente, mais ce qu'ils ont en commun c'est l'étonnement face au temps qui passe. J'ai tendance à dire : « oui, ils vieillissent, mais pas nous. Nous restons les mêmes. »

Mon père avait l'habitude de dire que vieillir ne le dérangeait pas, mais qu'il ne supportait pas l'idée d'avoir des enfants dans la force de l'âge. Je comprends très bien ce qu'il voulait dire. À bien des égards, c'est le plus grand indicateur de votre âge. Il disait toujours que j'avais trente-et-un ans, peu importe l'âge que j'avais ensuite. Le mot « enfant » implique des personnes jeunes, même si nos enfants restent nos enfants, quel que soit leur âge. L'on peut parler de nos fils et filles, mais il n'y a pas de terme distinctif pour ces adultes devenus très adultes.

Dès que nous l'acceptons, il y a quelque chose d'agréable dans le fait de voir nos enfants grandir. Surtout s'ils ont trouvé un bel équilibre dans leur vie et ont une bonne estime d'eux-mêmes. Il y a de fortes chances qu'ils ne fassent pas ce que vous imaginiez lorsque vous les pourchassiez au parc. Mais est-ce bon pour eux ? Sont-ils heureux ? Ils n'ont sans doute pas non plus épousé la personne que vous imaginiez il y a tant d'années. Mais leur mariage (ou leur couple) est-il solide ? Sont-ils de bons parents ? Ont-ils des amis proches ? Ce sont là les questions importantes, et non leur âge qui vous saute soudainement aux yeux.

Et cela continue de plus belle. J'ai une amie nonagénaire dont les enfants sont à la retraite ou sur le point de l'être. Nous trouvions cela effectivement étrange. Mais c'est ce qui arrive lorsque nous vivons de plus en plus vieux.

Nous devons tous nous y faire.

À propos de nos grands-parents

Lorsque l'on vieillit, on se prend à songer à nos grands-parents partis depuis longtemps. Nous les avons sans doute connus uniquement du point de vue d'un enfant ou d'un jeune, et nous pouvons nous poser des questions à leur propos, maintenant que nous avons atteint leur grand âge.

Beaucoup de mes amis m'ont raconté l'importance qu'a eue l'un ou l'autre de leurs grands-parents pour eux. Le plus souvent une grand-mère, dans la mesure où, à l'époque, prendre soin d'un enfant était le « rôle de la femme ». Certains ont en effet été élevés par leurs grands-parents, mais même lorsque ce n'était pas le cas, ils ont souvent passé beaucoup de temps avec eux et appris énormément d'eux. De nombreuses grands-mères sont associées aux odeurs et aux joies de la cuisine. Certains ont même déclaré qu'une grand-mère leur manquait particulièrement et qu'ils pensaient constamment à elle.

Aussi surprenant que cela puisse paraître, cette idée était nouvelle pour moi. Oui, j'ai connu mes deux grands-mères jusqu'à la fin de mon adolescence, mais elles n'ont pas joué un rôle important dans ma vie ni été d'une grande influence. Elles ne m'ont pas appris grand-chose, ne m'ont pas accordé une attention particulière et ne se sont pas vraiment intéressées à ce que je faisais. Il n'y avait pas beaucoup de marques d'affection. C'était des membres de la famille que je voyais de temps à autre et avec qui je devais me montrer gentille.

Mes grands-pères étaient absents. L'un est décédé avant ma naissance, mais nous avons plus tard découvert qu'il avait écrit ses mémoires pour la famille, ce qui m'a permis de me faire une idée de lui. L'autre nous a quittés quand j'avais cinq ans et je ne l'avais vu que très occasionnellement durant l'été précédent.

Mes deux grands-mères pouvaient difficilement être plus différentes. Ma grand-mère paternelle vivait à l'autre bout des États-Unis et nous ne la voyions que très rarement. C'était compliqué de prendre l'avion à l'époque, donc quand elle dépensait du temps et de l'argent pour faire le trajet, elle restait un bon moment. Même si personne n'a jamais rien dit, il était évident qu'elle prenait un peu trop ses aises. Mon père, l'aîné, avait toujours été la prunelle de ses yeux et ne pouvait apparemment rien faire de mal. Ma mère, c'était une autre histoire. Elle n'hésitait pas à critiquer la manière dont ma mère tenait la maison ou élevait ses enfants, et ne manquait pas de donner ses nombreuses autres opinions bien tranchées. Ses visites étaient donc synonymes de grandes tensions familiales, peu propices à créer une relation forte.

Mais elle était, il faut le dire, intéressante. Elle avait ce que l'on appelle un « sacré caractère » et aimait flirter, à l'occasion, avec les visiteurs, y compris — assez tard — avec mon mari. Elle avait longtemps pensé qu'elle aurait dû être « mieux » mariée et ne manquait pas de nous le rappeler. L'exemple le plus mémorable c'est lorsque mes frères et sœurs et moi-même avons dû faire refaire nos dents. « Si on avait fait ça à notre époque… » a-t-elle dit un jour, « aucun de mes petits-enfants ne serait né ! » Comme quoi, la vie tient parfois à de drôles de choses.

Elle était également très engagée politiquement. Juste avant les élections présidentielles à l'automne 1960, lors d'une visite chez mon oncle dans un autre État, elle a eu une crise cardiaque et a cru qu'elle allait mourir (il n'en fut rien). Plus tard, elle a dit, en pensant à sa mort, qu'elle était vraiment contente d'avoir déjà voté grâce à ce que l'on appelait alors un « bulletin de vote par correspondance ». Cela a donné un tout nouveau sens à ce terme. Ma grand-mère maternelle, quant à elle, était bien plus docile. Elle habitait plus près et était systématiquement invitée à chaque Noël et autres fêtes, durant lesquelles elle prenait, de manière tout aussi systématique, les photos de famille. Malheureusement, elle avait beaucoup moins d'intérêt, à part les parties de bridge régulières avec ses amis et les préoccupations habituelles d'une veuve de banlieue bien élevée, comme les œuvres de charité et l'église. Il y avait une grande différence culturelle et politique entre elle et mes parents, ce qui rendait ses visites tout aussi éprouvantes. Je sais qu'elle craignait que je n'épouse un homme « peu convenable », ce qui couvrait à peu près toutes les catégories auxquelles on peut penser. Je ne me suis mariée qu'après sa mort, mais je pense qu'elle n'aurait pas approuvé.

Ce doit être merveilleux d'avoir un grand-parent comme influence majeure dans sa vie. Maintenant que j'en suis une, je réalise à quel point la relation est spéciale. On peut être très proche, mais sans avoir à subir toutes les tensions inévitables qui surgissent au sein du noyau familial. On acquiert de nouvelles perspectives et de nouvelles façons de faire les choses. Et on se fait aussi une place dans l'histoire, si l'un ou l'autre parle de son propre passé et de sa vie d'enfant.

Je me demande parfois quels souvenirs mes petits-enfants auront de moi dans cinquante ans.

« Ce n'est pas juste »

Ma fille, alors âgée de sept ans, et moi-même étions en chemin vers le concert de Noël organisé chaque année par son professeur de piano afin que ses élèves jouent devant leurs parents. « Ce n'est pas juste », a-t-elle argumenté dans toute sa nervosité naturelle, « les autres enfants apprennent depuis beaucoup plus longtemps et, bien sûr, ils peuvent mieux jouer. » J'ai fait de mon mieux pour la rassurer en lui disant qu'elle se débrouillerait très bien. Ce qu'elle a fait.

Les années ont passé, et nous étions à nouveau en chemin pour la même occasion, mais elle avait alors quatorze ans. « Ce n'est pas juste... », s'est-elle exclamée sans aucun souvenir de la fois précédente, « les jeunes enfants peuvent jouer des morceaux faciles à deux doigts, et moi je dois jouer *La Sonate au clair de lune*. » À nouveau, j'ai essayé de la rassurer en lui disant qu'elle se débrouillerait très bien, ce qu'elle a fait. Mais je dois admettre que je n'ai pas pu m'empêcher de lui rappeler la discussion précédente et que j'ai pu lui donner l'impression qu'elle pouvait échouer. Je suis douée pour la logique, même si je ne suis pas toujours le parent le plus empathique. Et, de son point de vue, elle avait raison. La vie est injuste.

« Ce n'est pas juste ! », combien de fois entendons-nous cela de nos enfants ou nos petits-enfants, lorsqu'ils sont en train de jouer, ou lorsqu'ils sont punis, ou à tout autre moment de la journée ? Et ils ont raison — la vie est très injuste.

Les enfants peuvent nous faire remarquer l'injustice de la vie de bien des manières. L'un a eu plus de glace, l'autre a joué plus longtemps à la console, l'autre a pu se coucher plus tard. Et ainsi de suite. Et nous affirmons que si, c'est juste, puis nous tentons d'expliquer pourquoi. Ou peut-être disons-nous que non, ce n'est pas juste, mais que la vie est ainsi faite et que nous devons apprendre à faire avec. Ou nous trouvons d'autres mots pour faire avancer la conversation. Il n'y a pas de grand vainqueur à cette discussion.

Lorsque mon frère avait onze ou douze ans, il a développé un moyen très astucieux afin d'égaliser les scores. On lui confiait généralement la responsabilité de servir les boissons gazeuses aux enfants de nos invités, pendant que mon père servait celles destinées aux adultes. Il avait découvert que s'il versait des glaçons dans les verres pour faire croire qu'ils étaient plus remplis, les enfants allaient choisir ces verres-là, pensant qu'ils avaient plus à boire, alors qu'en fait ils avaient juste plus de glaçons. Un jour il partagea gentiment son secret avec moi et nous nous sommes sentis très fiers. Avec le recul, il est difficile d'imaginer que cette astuce insignifiante pouvait être si importante pour nous. C'était pourtant le cas.

Les adultes ne sont pas en reste lorsqu'il s'agit de faire remarquer l'injustice de certaines situations. Un jeune homme se plaindra du fait que son ami séduit toujours les filles les plus jolies alors qu'il n'a rien de particulièrement attirant. Une femme plus âgée se sentira offensée par la promotion d'un collègue alors qu'elle est de toute évidence bien plus qualifiée pour le poste. Je pourrais évidemment décrire bien d'autres situations. Nous sommes parfois prompts à trouver une explication qui nous conforte dans notre position. Les filles ne sont pas réellement attirées par cet ami, elles aiment juste le fait qu'il possède une voiture. C'est parce que l'employeur a des préjugés à l'égard des femmes qu'il a promu cet homme, ou bien c'est de la discrimination à l'encontre des vieilles personnes. Ce n'est pas notre faute. Nous avons des explications de ce genre plein les poches, et parfois à raison.

Mon opinion est que la vie n'est pas juste à tellement d'égards qu'il est difficile de tenir les comptes. Pourquoi est-ce que j'en parle ? Tout simplement parce qu'en vieillissant on découvre ces injustices une par une, jusqu'à perdre tout sens de l'équité. C'est l'élément moteur d'une bonne partie de notre vie.

Le plus évident, la santé. Certains semblent nés avec une santé de fer et une capacité à affronter toutes les maladies qui se présentent. D'autres tombent dès le premier obstacle, meurent avant l'heure d'un cancer inattendu ou de toute autre maladie pouvant frapper une personne jeune. Ils peuvent aussi mourir dans un terrible accident de voiture, comme ma plus jeune sœur alors qu'elle n'avait pas encore trente ans. Plus nous vieillissons, plus notre corps nous teste et, parfois, le cœur, un rein, un poumon ou même un simple nerf se rebelle et prend le dessus. Nous nous retrouvons dans l'incapacité de mener une vie épanouie, voire handicapés par la douleur. C'est clairement très injuste.

Pourtant, la santé n'est que le début. Alors que la plupart des gens cherchent à être heureux en mariage ou en couple, certains connaitront bien des déboires. Combien de divorces douloureux — un mariage qui se termine à cause d'un regard baladeur, de l'alcoolisme, ou par simple ennui. C'est une chance énorme, selon moi, que les espoirs de certains jeunes mariés se réalisent ou presque tandis que d'autres sont laissés pour compte à cause d'aléas totalement imprévisibles. Cela vaut pour les jeunes mariées aussi, évidemment.

Ensuite, il y a les enfants, et plus tard les petits-enfants, qui naissent, ou pas. Je l'ignorais auparavant, je croyais naïvement que les intérêts et la personnalité de nos enfants étaient un tant soit peu prévisibles. Comment pouvais-je me tromper à ce point ? Certains semblent sortir du ventre de leur mère prêt à plaire, à s'adapter et à avoir une belle vie. D'autres, très différents, rendent la vie de ceux qui les entourent, et la leur pour la plupart, très difficile. Ce n'est certainement pas juste, ni dans un sens ni dans l'autre.

La riche tapisserie de la vie n'est pas riche de la même manière pour tout le monde. La plupart se démènent du mieux possible et se réjouissent dès que quelque chose va bien. Certains pensent que leur succès n'est dû qu'à leur talent et leur travail acharné. Et peut-être qu'ils ont raison. Mais ces capacités — le talent, la débrouillardise et la persévérance qui les ont aidées tout au long du chemin — doivent être considérées comme une chance. Il aurait pu en être autrement. Sans oublier les quelques petits coups de pouce qu'ils ont reçus ici et là tout au long de leur vie.

Si votre ami se montre suffisant en déclarant que sa santé est bonne parce qu'il a toujours eu une alimentation saine, qu'il n'a jamais fumé et qu'il pratique beaucoup de sport, vous pouvez facilement approuver. Mais demandez-vous quelle caractéristique profonde fait qu'il a persévéré dans cette voie ? M'est avis qu'on en revient toujours à la chance.

Nous pouvons être chanceux, malchanceux, ou un peu des deux. Au fond, la vie est injuste. Il n'y a rien de plus à en dire. Je ne peux que répéter la phrase que les parents francophones sortent à leurs enfants lorsqu'ils posent des questions compliquées : « C'est comme ça ».

J'ai toujours trouvé que cette phrase n'expliquait pas grand-chose, mais il va falloir s'en contenter.

MOMENTS DE VIE

« Vous venez d'ici ? »

1970

Après être restés six ans aux États-Unis, pendant le doctorat de mon anglais de mari, nous sommes rentrés en Angleterre lorsqu'il a obtenu un travail universitaire à Londres. Cela faisait longtemps qu'il souhaitait rentrer à la maison et j'étais très partante pour déménager, ayant apprécié la brève année que j'y avais passée.

Peu de temps après notre retour, nous sommes devenus les heureux parents d'une petite fille et je me suis mise à la recherche d'un emploi à temps partiel. Par chance, j'ai trouvé un travail en tant qu'assistante de recherche, j'étais chargée d'interroger des personnes à l'aide d'un questionnaire préétabli. C'était mon premier travail dans mon nouveau pays et j'étais très enthousiaste à l'idée de rencontrer de nouvelles personnes et de parler de leur vie.

De nos jours, aucun organisme de recherche ne laisserait une jeune femme, dans la vingtaine, se promener dans une cité, toquer aux portes et entrer seule. Mais à l'époque, personne ne pensait qu'il pouvait y avoir un quelconque danger et, même si j'aurais pu parfois l'être, je n'étais pas non plus inquiète. Les personnes que j'ai rencontrées étaient presque toujours sympathiques, contentes de discuter et même d'offrir une tasse de thé. Le fait d'être américaine était indubitablement un avantage.

Malheureusement, l'étude sur laquelle je travaillais n'était pas des plus passionnantes. Son organisateur était un professeur d'université qui étudiait le comportement organisationnel et avait choisi comme exemple l'entretien des logements. Son sujet principal était, entre autres, l'entretien des logements familiaux dans les forces armées, et il avait choisi les logements sociaux en guise de comparaison. En plus de vouloir interroger les personnes chargées de l'entretien, il souhaitait également recueillir le point de vue des locataires.

C'est donc avec son aide que j'avais créé un questionnaire sur l'expérience des locataires en matière d'entretien des logements et choisi deux quartiers de Hackney, alors un district très populaire du centre de Londres. J'ai ensuite commencé à frapper à une porte sur cinq (ou tout autre système que nous avions mis au point pour créer un échantillon aléatoire). Souvent, il n'y avait personne, parfois on refusait de me répondre, mais très régulièrement, on m'ouvrait la porte et on m'invitait à entrer.

Le questionnaire était assez ennuyeux, néanmoins j'ai procédé de la manière la plus méthodique possible. À la toute fin, comme c'est souvent le cas dans les questionnaires, il y avait une partie qui concernait la personne interrogée, comme son âge, ainsi que d'autres détails dont je ne me souviens plus, mais la dernière question portait sur la nationalité. On s'attendait à ce que la plupart des personnes interrogées soient des Britanniques de souche, mais c'était l'occasion d'identifier d'éventuels immigrés. La recherche sur l'ethnicité n'en était alors qu'à ses balbutiements.

À la fin du questionnaire, je m'ennuyais plus que de raison et me pensais assez avertie pour reconnaître l'origine des gens. Contre toutes les règles de la recherche, que personne n'avait pensé à m'enseigner d'ailleurs, j'ai tourné la question à ma manière afin d'obtenir les informations nécessaires. Je demandais très simplement : « Vous venez d'ici ? »

C'est avec de cette simple question que j'en apprenais le plus au cours de l'entretien. La réponse était généralement « oui », ou parfois « non », lorsqu'une femme avait épousé un homme de la région, mais venait du nord de l'Angleterre. Mais de temps en temps, j'obtenais une réponse qui m'arrêtait net. Un homme, les yeux pétillants, a répondu : « Oh non, ma chère, je suis né de l'autre côté de l'eau ». Mon esprit s'est mis à pédaler très vite : il n'était manifestement pas américain, donc il ne parlait pas de l'océan Atlantique, et il n'était manifestement pas français non plus, donc il ne parlait pas de la Manche. Ah, bien sûr, il doit être irlandais, me suis-je dit, avant de lui poser la question. Il s'est mis à rire. « Oh non ma belle, je viens de Bermondsey », soit de l'autre côté de la Tamise. J'ai appris plus tard qu'il s'agissait d'une expression courante chez les ouvriers londoniens. (Je dois ajouter que dire « ma chère » et « ma belle » à de parfaits inconnus était — et est toujours — très courant.)

Mais la meilleure de toutes a été la femme qui a répondu à ma question de savoir si elle venait « d'ici » en se levant de son siège et en allant à la fenêtre. « Approche-toi, ma belle », dit-elle en me montrant du doigt une intersection. « Là, c'est Hoxton High Street ». D'accord, me suis-je dit. « Je suis née là-bas, de l'autre côté, après ces maisons et le pub, pas ici. C'est très différent là-bas ». J'étais assaillie par un nombre incroyable de suppositions. Que dire ?

Vous pouvez apprendre beaucoup de choses en posant des questions.

Hospitalité antique

1975

Nous étions en vacances en Italie avec notre fille, nous rendions visite à des amis italiens qui avaient un enfant de deux ans. Sans but particulier, nous sommes partis faire un tour dans les régions les plus sauvages de Toscane, et nous nous sommes retrouvés quelque part entre Barga, où nous avions loué une maison, et la mer de Ligurie. Il s'est soudain fait tard — bien après l'heure du déjeuner — et nous étions affamés. Sans parler de l'envie de faire pipi. C'était une région rurale avec peu de restaurants et, de toute façon, les traditions italiennes voulaient qu'il y ait des moments bien précis pour manger. Bien que cela fasse plus de quarante ans, je pense fortement que ce serait encore pareil dans cette partie de l'Italie aujourd'hui.

Notre ami conduisait et a décidé de prendre une route non goudronnée en haut d'une colline. Cette route n'avait pas l'air de nous mener à un endroit où nous pourrions manger. J'étais assise à l'arrière et essayais de ne penser ni à ma faim ni à celle des enfants. En réalité, il s'agissait moins d'une colline que d'une montagne. Des virages et une vue magnifique. La route s'est arrêtée au sommet. Il y avait un endroit aride pour garer la voiture, quelques maisons au loin et des chemins de terre partant dans diverses directions. Pas grand-chose d'autre.

Nous sommes sortis nous étirer un peu, et je me demandais quelle serait la suite. Les deux hommes sont partis se soulager pendant que je surveillais les enfants tout en essayant de ne pas trop penser à mes propres besoins urinaires. La femme italienne s'est, quant à elle, mise à la recherche de nourriture. Je me suis dit qu'elle devait faire erreur, car il n'y avait manifestement aucun restaurant dans cet endroit reculé.

Au bout de quelques minutes, elle est revenue avec un sourire en disant : « il y a deux restaurants ici ». J'étais très surprise et je me suis même demandé si elle plaisantait. Elle nous a proposé de nous rendre au plus proche et nous l'avons tous suivie sur le chemin herbeux. La vue était à couper le souffle. Nous étions vraiment très haut. J'ai appris plus tard que nous étions à neuf cent cinquante mètres au-dessus du niveau de la mer.

Nous sommes arrivés devant une maison ordinaire et une femme s'est présentée à la porte, nous souhaitant la bienvenue et nous invitant à entrer. Elle a parlé avec nos amis dans un italien rapide (j'arrivais à comprendre quelques mots de temps en temps), leur disant qu'elle pouvait préparer des pâtes, des œufs et du jambon — cela vous conviendrait ? C'était évidemment une proposition merveilleuse.

Elle nous a fait entrer dans une pièce avec une longue table, du plafond pendaient jambons et salamis. Elle s'est affairée en cuisine pour nous préparer le repas sur un feu de bois. Nous, les femmes, avons pu utiliser ses toilettes et elle nous a servis en peu de temps. J'aimerais pouvoir dire que c'était le meilleur repas que j'aie jamais mangé, mais ce ne serait pas vrai. C'était néanmoins très bien — et très étonnant pour nous d'être là. Le tout arrosé, bien sûr, d'un vin local. Lorsque nous avons terminé, elle nous a demandé un prix raisonnable, mais pas non plus incroyablement bas.

Alors que nous retournions à notre voiture, j'ai demandé à mon amie ce qu'il venait de se passer. Pourquoi une villageoise était-elle prête à improviser un repas pour un groupe de six étrangers aussi rapidement ? Elle m'a répondu que pendant des siècles, les pèlerins et autres voyageurs se rendaient d'un endroit à l'autre et avaient naturellement besoin d'un lieu où manger et dormir. Il y avait toujours des personnes prêtes à les accueillir, connues de tous les habitants de la région de sorte qu'ils pouvaient être correctement orientés.

Ce que nous avions découvert par hasard était un vestige de cette longue tradition presque perdue. C'était une expérience mémorable. Et nous avions simplement monté une colline escarpée.

Bien plus tard, j'ai écrit à mon amie italienne pour lui demander si elle savait où nous étions allés, car il n'y avait aucun panneau indicateur. Elle m'a répondu qu'il s'agissait de San Pellegrinetto (qui signifie « petit pèlerin ») dans la province de Lucques. J'ai cherché sur Google. Sa population actuelle est de trente-quatre habitants[3].

Presque médiéval.

---

[3] Quinze au moment de la traduction de ce livre (2023) *ndlt*

Meryl Streep et moi

1976

La lettre type arriva par surprise. **A**méricaine vivant à Londres, je m'étais abonnée à *Democrats Abroad* afin de garder un lien avec mes origines et peut-être rencontrer certaines personnes partageant les mêmes valeurs. En réalité, je m'étais abonnée pour la forme et n'avais jamais assisté à une réunion.

La lettre m'informait qu'une maison de production cherchait des figurants américains pour le tournage d'un film qui se déroulait dans les environs de Londres et me proposait de passer une audition. Une idée amusante, pensais-je, mais qui n'était pas pour moi. J'avais beaucoup de travail et je devais m'occuper de ma fille de sept ans. Je n'avais pas besoin de faire de la figuration. Je n'avais surtout pas envie de passer une audition, cela avait l'air effrayant. J'ai donc jeté l'invitation à la poubelle.

Pourtant, ma famille n'était pas du même avis. Je leur en ai parlé au cours du dîner et aussi bien mon mari que ma fille ont immédiatement insisté : « Tu dois le faire ! » J'ai hésité. Ils ont persisté. Je suis allée récupérer l'invitation froissée dans la corbeille de mon bureau. Ils n'ont pas lâché prise. Vas-y, il n'y a pas de quoi s'inquiéter. J'y suis allée.

Et cela a donc eu lieu. « L'audition » consistait à s'asseoir dans l'amphithéâtre d'une école, avec une brève introduction sur la raison de notre présence, et l'affirmation selon laquelle les Américains auraient l'air plus américains que les Anglais. Une femme a ensuite parcouru les allées en pointant du doigt l'un ou l'autre d'entre nous, en disant si oui ou non nous pouvions continuer. J'ai été choisie. Je n'ai jamais su pourquoi.

J'avais la chance que mon travail d'assistante de recherche soit à temps partiel et très flexible, il m'était donc facile de prendre quelques jours de congé. Le tournage se déroulerait sur deux ou trois jours, avec un bus à disposition pour nous emmener au studio dans la banlieue de Londres. Mon mari s'occupait de conduire ma fille à l'école et de la récupérer.

C'est donc comme cela que j'ai figuré dans le film *Julia*, de Fred Zinnemann avec Jane Fonda, Vanessa Redgrave et Jason Robards. Il s'agit d'un film sur la dramaturge américaine Lillian Hellman et de sa tentative de faire entrer clandestinement de l'argent dans l'Allemagne d'avant-guerre à la demande de son amie juive Julia. Je n'y connaissais pas grand-chose à l'époque.

Nous, les figurants, avons joué plusieurs scènes, mais mon moment de gloire n'a eu lieu que dans l'une d'entre elles — un dîner au Sardi's après la première, *LE* restaurant dans lequel les gens du théâtre se rendaient pour de telles occasions. Il était connu pour son mur orné de caricatures de personnes connues. (Mes parents m'y ont emmené des années plus tard, juste pour voir à quoi cela ressemblait en vrai. Ce n'était pas très différent du plateau de tournage. Ouvert en 1921, il existe toujours cent ans plus tard).

Nous étions tous habillés en costume d'époque, avec une perruque et du maquillage, si bien que je ne ressemblais pas du tout à ce dont j'avais l'air normalement (cheveux courts et sans maquillage). J'ai été stupéfaite par la minutie avec laquelle on s'était occupé de personnes qui n'étaient qu'en arrière-plan. Quelqu'un a gentiment pris une photo et me l'a envoyée (c'était bien avant les smartphones). Un jour, un ami l'a vue et a commenté : « Tu pourrais être très jolie avec des cheveux longs ». Dommage.

Qu'est-ce que c'est que d'être figurante ? Je me suis vite rendu compte que c'était la plupart du temps très ennuyeux. Nous passions beaucoup de temps assis à lire ou à discuter entre nous. En plus des Américains de Londres, il y avait aussi des figurants américains qui avaient pris l'avion avec la troupe ainsi que d'autres figurants anglais. Nous étions tous mélangés et j'ai appris par les plus expérimentés qu'il nous fallait espérer que le tournage se prolonge, car nous serions alors payés en heures supplémentaires.

C'est devenu plus intéressant sur le plateau. Nous étions attablés, de la nourriture était posée devant nous, interdiction d'y toucher. Il y avait des cocktails de crevettes, mais ils ne garantissaient ni fraîcheur ni qualité. Lorsque le tournage a commencé, nous devions avoir l'air de discuter, ce qui n'était pas très compliqué puisque c'est ce que nous avions fait toute la journée. Mais nous pouvions subrepticement observer les acteurs, bien sûr, ainsi que le réalisateur.

Outre le tournage, je me souviens de deux choses à propos de ces deux trois jours. D'abord, j'ai été déçue de ne pas avoir pu approcher Jane Fonda, qui à un moment n'était qu'à un mètre de moi, attendant de pouvoir jouer. J'avais connu Tom Hayden, son mari à l'époque, à l'université quelques années auparavant et j'aurais aimé lui passer le bonjour. J'ai décidé qu'il serait inapproprié de l'interrompre alors qu'elle était « dans son personnage », et je n'ai pas eu d'autre occasion.

Ensuite, j'ai assisté au tournage d'une scène dans laquelle Jane Fonda parlait à une jeune actrice un peu maladroite portant le nom particulier de Meryl Streep. Elle avait l'air extrêmement mal à l'aise et je me suis dit qu'avec son manque apparent de talent et son nom bizarre, elle n'irait pas bien loin. Je me souviens même avoir voulu l'entourer de mon bras — elle n'avait que six ans de moins que moi, mais je me sentais l'envie de la materner — et lui apporter un peu de réconfort.

Quelle perspicacité !

J'ai lu par la suite qu'elle avait dit qu'il s'agissait de son premier film et qu'elle s'était certainement sentie mal à l'aise.

J'ai vu *Julia*, bien sûr, lors de sa sortie — et à la télévision des années plus tard, lorsque je pouvais mettre pause et revenir en arrière. Il n'y avait aucune trace de moi – juste un flou lorsque la caméra se déplaçait d'un bout à l'autre du Sardi's au moment où Lilian Hellman (Jane Fonda) faisait sa grande entrée. Ce n'était pas un mauvais film, mais pas un grand film non plus, et il semble avoir disparu dans les méandres du temps.

Le début et la fin de ma carrière au cinéma. Je n'ai pas besoin de vous dire que Meryl Streep a ensuite impressionné le monde entier, moi y compris, par sa sensibilité et son talent faisant d'elle l'une des plus grandes actrices de notre époque.

Il convient de faire montre d'indulgence à l'égard des premiers films, premiers livres et premiers tout le reste.

Chapitre 2 : OUI, CERTAINES CHOSES SE DÉTÉRIORENT

Introduction

Je soupçonne que la première chose à laquelle on pense lorsque l'on entend le terme « vieillesse » est une forme de décrépitude. Votre ami vous dit : « Je vais te présenter un ami plus âgé » et vous imaginez quelqu'un de gâteux, voire de complètement handicapé. Il ou elle aura l'air vieux et ridé, sera probablement grognon et il sera difficile de trouver le moment agréable. Il en a toujours été ainsi.

Oui, même si nous, les personnes âgées, apprécions notre vie, la situation a mauvaise presse. Et il y a une raison à cela. Notre corps vieillit, c'est indéniable, et notre santé n'est généralement plus ce qu'elle était. Notre énergie diminue et nous ne pouvons plus faire autant de choses en une journée qu'auparavant. Nous sommes souvent enveloppés d'une aura de pertes — d'amis décédés, de maisons que nous avons quittées et d'une conscience de notre mortalité imminente.

Il est clair que, selon moi, la vieillesse a beaucoup plus à offrir que cette image, mais je veux commencer par l'aborder de front.

Le corps vieillissant

Lorsque mon fils, aujourd'hui âgé d'une trentaine d'années, avait environ cinq ans, il a fait une remarque qui m'est restée en mémoire. Il avait traversé une période, heureusement brève, d'accidents pipi, laissant régulièrement une petite tâche visible sur son pantalon d'école gris foncé. À un moment je lui ai demandé, probablement légèrement exaspérée, s'il lui était possible d'essayer d'anticiper. « Non, maman, a-t-il répondu. C'est comme une embuscade. »

Il a mis le doigt sur une chose essentielle. Il n'y a pas de contrôle. Cela commence aussi tôt que chacun de nous peut s'en souvenir — on a couru trop vite sur le trottoir, on a grimpé à cet arbre et, soudain, on s'est retrouvé sur le sol à se tordre de douleur. De petites égratignures aux membres cassés, nous avons appris très tôt que notre corps pouvait être une plaie et ne pas se comporter comme nous l'avions prévu.

Sans oublier les nombreuses maladies infantiles. Je les ai toutes eues, sans exception — la rougeole, la rubéole, et même la scarlatine, qui était très grave à l'époque. J'ai plusieurs cicatrices de varicelle pour me rappeler cette maladie en particulier. Et, bien sûr, de nombreux rhumes et grippes qui allaient et venaient, au contact des autres enfants de l'école.

L'adolescence et les années suivantes sont marquées par une embuscade encore plus importante : les règles. Plus le temps passait, plus elles arrivaient au moment où nous le souhaitions le moins et pour certaines d'entre nous, de manière très irrégulière. Nous les attendions et étions par moments inquiètes de voir qu'elles n'arrivaient pas. Ou alors nous voulions des enfants et étions alors inquiètes de les voir arriver. Nous, les femmes, avons toutes passé plusieurs heures de notre vie à songer à ce qui se déroulait, ou non, dans notre ventre. Sans aucun contrôle.

Bien entendu, en vieillissant, nous avons été exposés à un grand nombre de maladies potentielles. Certains ont été confrontés à une ou plusieurs maladies potentiellement mortelles et beaucoup ont perdu des amis. Le cancer est le coupable numéro un, mais il y en a bien d'autres. J'ai perdu un très bon ami à cause de la dernière pandémie de notre époque, le sida, encore bien mortel à ce temps-là. Aujourd'hui, bon nombre d'entre nous ont dans leur entourage une personne qui a contracté le Covid-19.

Les choses ne font qu'empirer avec l'âge. « La vieillesse, ce n'est pas pour les mauviettes », dit-on à raison. Nous n'entendons plus ni ne voyons plus aussi bien qu'avant, nous ne pouvons plus courir aussi vite que nous le voudrions, si tant est que nous puissions courir. Nous devenons plus vulnérables aux maladies graves qui nous arrêtent dans notre élan. Certaines dont nous avons entendu parler et d'autres dont nous ignorons tout. Et même le problème par lequel j'ai abordé ce chapitre, celui dont souffrait mon fils, refait surface.

Et pour certains, probablement pas ceux qui liront ceci, nous perdons la raison, peu à peu, à cause d'une sorte de démence. Il s'agit d'une embuscade sans précédent, qui ne fait partie d'aucun plan de vie.

Je ne sais pas comment les autres font face à tous ces événements corporels. Les acceptent-ils tranquillement comme faisant partie de l'être humain et font-ils de leur mieux pour s'en sortir avec dignité ? Certains pensent sans doute que c'est là la volonté de Dieu.

Pas moi. Je suis en colère et je m'insurge contre ces personnes. J'ai été en très bonne santé toute ma vie, comme l'a été mon père avant moi. Et comme lui, je suis furieuse lorsque mon corps me laisse tomber. Comment ose-t-il ne pas faire ce que je lui demande ? Qui lui a donné la permission de succomber à un rhume, à une grippe ou pire ?

Oui, je sais que cela n'a aucun sens. Je devrais accepter chaque défi tel qu'il se présente. Cela fait partie de la vie. D'autres sont sans doute plus forts. Mon mari dit que je serai indignée sur mon lit de mort — et il a sans doute raison.

En tout cas, je ferai savoir à tout le monde qu'il avait raison.

La baisse d'énergie

Tout au long de ma vie, je me suis sentie en décalage par rapport aux idées reçues de la culture populaire. L'une d'entre elles veut que les gens attendent avec impatience le moment où ils finissent leur journée de travail et peuvent se détendre. Cela peut être au jour le jour, de sorte que le point culminant de leur journée est le moment où ils quittent leur lieu de travail pour aller « boire une pinte » au pub ou, pour d'autres, boire un verre de vin ou deux dans un bar. Et au cours de l'année, le point culminant est la période des vacances d'été, lorsque l'on quitte le travail quotidien et que l'on peut enfin se reposer sur une plage. Tout ce qui a trait au « travail » doit être évité autant que possible.

Je ne suis pas de cet avis. Je connais beaucoup de personnes — dont je fais partie — qui sont bien plus motivées par le désir de faire quelque chose. Et, de préférence, quelque chose qui a de la valeur pour quelqu'un. Ne rien faire peut certainement être agréable un temps. Mais le seul intérêt de ne rien faire, pour ceux d'entre nous qui ont cet état d'esprit, est de s'assurer que notre cerveau ou notre corps soit bien reposé afin d'être en pleine forme et de reprendre une activité utile. Le repos n'est pas une fin en soi.

Il existe, évidemment, une myriade de façons d'être « utile ». Certains s'occupent de quelqu'un d'autre et doivent organiser toute une série d'activités pour répondre à leurs besoins. D'autres aiment construire des objets à partir de rien ou les démonter pour mieux les comprendre. D'autres encore veulent simplement faire des choses dans la maison — nettoyer ce placard ou placer ces nouveaux rideaux. D'autres encore, comme moi, aiment s'engager dans des activités créatives, qu'il s'agisse d'écrire des livres, de peindre des tableaux ou d'inventer de nouvelles recettes de cuisine. Et bien d'autres choses encore.

Il se peut que nous fassions bien les choses, ou pas. Il se peut que le résultat nous satisfasse, ou pas. L'essentiel est que cette activité nous soit importante et qu'elle nous aide à sentir que notre temps a été correctement utilisé. Nous préférons mal faire plutôt que ne rien faire.

Qu'est-ce qui crée cette distinction très nette ? J'ai été élevé par une mère à l'éthique du travail féroce. Elle avait en tout cas la particularité d'avoir exercé une activité professionnelle tout en élevant trois enfants dans les années quarante et cinquante (ce qui n'est plus étonnant aujourd'hui, mais à l'époque, c'était tout à fait inhabituel). Elle n'aimait pas la « détente », même si elle lisait de temps en temps et, en été, aimait se reposer en désherbant son jardin. Je tiens peut-être d'elle.

Si la scolarité joue un rôle dans ce que nous sommes, alors elle aussi peut nous avoir influencés. J'ai fréquenté une école privée pour filles à New York, dont la devise était « dans la vérité et le labeur » et la mascotte un castor. Peut-on y déceler une forte éthique du travail ? Peut-être que le dur labeur a imprégné mon cerveau grâce à une dose journalière de travail acharné.

Pourtant, je m'interroge. Si j'étais née avec un penchant pour la facilité, je me serais peut-être fortement rebellée contre de telles influences. En voyant mes deux enfants très différents l'un de l'autre devenir adultes, je me suis de plus en plus interrogée sur l'impact de l'éducation par rapport à l'inné. Je pense que nous sortons du ventre de notre mère avec de nombreuses caractéristiques que nous passons notre vie à découvrir. Mais elles étaient déjà là, tout autant que l'inclinaison de notre nez ou la couleur de nos cheveux.

Néanmoins, quelle qu'en soit la cause, l'une des tristes découvertes que l'on fait en vieillissant est que l'on a tendance à se fatiguer plus facilement. Nous perdons la résistance que nous avions lorsque nous étions plus jeunes et nos batteries s'épuisent de plus en plus vite. Cela commence à des âges différents selon les personnes, mais cela semble nous surprendre lorsque nous n'y prenons pas garde. Pour autant que je puisse en juger, cela augmente lentement chaque année et diminue considérablement notre énergie pour accomplir des tâches.

Pour ceux d'entre nous qui sont avides d'activités positives, ce manque d'énergie est incroyablement agaçant. Cela signifie que nous ne pouvons pas travailler pendant de longues périodes sans être fatigués. Et la définition de cette « longue période » se réduit lentement, passant d'une journée à une demi-journée, voire une heure.

Notre corps devient un champ de bataille — notre tête veut accomplir quelque chose, mais notre corps se rebelle. Le vieux dicton « L'esprit est bien disposé, mais la chair est faible » prend tout son sens. À la fin de la journée, nous sommes déçus par le peu de choses réalisées. Nous avions de grands projets, mais nous n'avons rien fait ou presque.

Ce n'est pas si différent du confinement que le Royaume-Uni a connu durant le Covid et que d'autres ont subi ailleurs. Une sorte d'emprisonnement, nous ne pouvions pas faire ce que nous voulions, nous sommes, comme l'a dit l'un de mes petits-fils, « assignés à résidence ».

Le manque d'énergie est assez proche de l'assignation à résidence.

Les trous de mémoire

Les conversations avec mon mari se déroulent souvent comme suit :

« — J'ai vu ce gentil garçon à l'instant au supermarché et je lui ai dit bonjour.
- Quel garçon ?
- Tu sais, celui que nous avons vu l'été dernier sur un bateau, un grand, très gentil. Sa femme était rousse et je crois qu'ils avaient un petit chien.

- Ah oui, lui. Il était très gentil. Ils habitent tout près maintenant ? »

Ou :

« — On va voir le film qui passe en bas de la rue ?
- Quel film ?
- Tu sais, le film réalisé par celui qui a fait le film d'horreur qui nous a fait mourir de rire ?
- Ah oui, bonne idée. Il passe à quelle heure ? »

Combien de conversation entre couples âgés ressemble à celle-ci ? Jamais de nom en vue, ni rien qui puisse vraiment aider. Toute personne extérieure serait déconcertée. Pourtant, nous savons souvent de quoi nous parlons. Ces conversations peuvent être agaçantes, parce que nous ne retombons pas toujours sur ce que l'on cherche. Et elles peuvent durer bien plus longtemps évidemment, mais cela peut déjà vous donner une idée.

Cela n'est cependant pas le vrai problème. Ce qui m'ennuie le plus c'est lorsque je n'arrive pas à me souvenir de quelque chose d'important que je devrais pourtant connaitre sur le bout des doigts. Je ne parle pas de savoir qui était président en 1953 ou quelle est la capitale de la Suisse. Non, ce sont toutes ces petites choses personnelles dont on devrait se souvenir, mais dont on ne se souvient pas. Et cela peut vous causer des ennuis si vous n'y prenez pas garde.

Lorsque nous étions plus jeunes, mes amies avaient des maris et des enfants et on arrivait généralement à se souvenir de leur nom. Je les avais rencontrés, après tout, et je les connaissais un petit peu.

Je pouvais me les représenter. Mais aujourd'hui, elles ont des petits-enfants que je n'ai jamais vus. Elles en ont beaucoup parlé, bien sûr, mais ma mémoire n'est plus ce qu'elle était et je n'ai plus le cadre visuel. C'est vraiment difficile d'arriver à suivre. Combien de petits-enfants ont-elles ? De leur fils ou de leur fille ? Et l'un d'entre eux n'avait-il pas un problème ? Oui, mais lequel ?

Vous vous rencontrez pour bavarder de temps en temps et vous tentez de reprendre contact. Cette amie n'avait-elle pas une fille avec des jumeaux ? Ou était-ce une autre ? Sont-ils nés il y a longtemps ou sont-ils encore petits ? Le temps passe si vite, ils sont probablement plus vieux que je ne le pense.

En général, je trouve un moyen de dire « je suis désolée, mais je ne me souviens pas des noms de tes petits-enfants », ce qui leur offre l'occasion de me donner le nombre, l'âge et le sexe. Et quel enfant a eu quels petits-enfants à quel moment. Il suffit de mettre les choses au clair pour vous retrouver de nouveau sur les rails.

Ce n'est pas tout. Prenez leurs enfants adultes, dont j'ai beaucoup entendu parler au fil des ans, mais que je n'ai pas vus depuis longtemps. Parfois, un vague souvenir me rappelle un problème passé dont on a discuté. S'agissait-il d'un fils avec des problèmes conjugaux — ont-ils divorcé ou sont-ils toujours ensemble ? Ou était-ce la fille ? Je devrais le savoir, mais ça m'est totalement sorti de la tête.

Ou était-ce un problème au travail ? La fille a-t-elle été renvoyée ou a-t-elle démissionné ? Les petits détails peuvent avoir leur importance. L'oubli peut passer pour de l'indélicatesse. Je peux éventuellement m'en sortir avec un « et ton fils ? Il s'en sort ? » en espérant que cela couvre toutes les possibilités. Avec un peu de chance, mon oubli passera inaperçu.

C'est alors qu'un plus gros problème entre en jeu. Il se peut que nous soyons amis avec un couple que nous ne voyons pas souvent, dont l'un des parents est encore en vie et impossible pour moi de me souvenir lequel. Je ne peux pas demander « comment va ton père ? » s'il est mort il y a deux ans dans des circonstances difficiles et dont ils m'ont parlé. Mais je ne peux pas non plus présenter mes condoléances s'il est encore en vie.

Deux personnes, cela veut dire quatre parents. Oh là, là. Et c'est important pour les gens. Ce n'est pas comme les noms des petits-enfants. Cela arrive plus souvent que je ne veux bien l'admettre. Je n'ai jamais trouvé de bonne solution, si ce n'est entretenir la conversation suffisamment longtemps et espérer que le sujet vienne naturellement.

Parfois, un ami dira « après le décès de mon père… », un soulagement pour moi.

Il faudrait vraiment tenir un carnet avec toutes ces informations — des listes de noms d'enfants, de petits-enfants, et de ce qu'ils font. Et surtout, des parents décédés. Cela faciliterait grandement les conversations.

Peut-être que mes amis ont le même problème.

L'abandon de la conduite

Il n'y a pas si longtemps, feu Sa Majesté Royale le prince Philip, duc d'Édimbourg, âgé de plus de quatre-vingt-dix ans, faisait la une des journaux au Royaume-Uni. Il avait eu un accident de voiture — la voiture qu'il conduisait s'est retrouvée sur son flanc — et il en a été un peu « secoué ». Comme vous le seriez également, même avec la moitié de son âge.

Cet accident a donné lieu à des conversations sur les personnes âgées et la conduite automobile. C'est là un problème sérieux, qui touche bon nombre d'entre nous aujourd'hui. Dans mon cas, il s'agissait de mon père. Je vivais à un océan de mes parents, je restais en contact par téléphone, mais j'allais leur rendre visite deux fois par an au moins. Mon père m'accueillait toujours à l'aéroport — avec sa voiture, bien entendu. À un moment, alors qu'il avait plus de quatre-vingts ans et que sa vue baissait, j'ai commencé à m'inquiéter pour sa sécurité. Et pour celle de ceux qui l'accompagnaient, y compris la mienne.

Il a toujours été un excellent conducteur et n'a jamais voyagé bien loin. La plupart du temps, il conduisait dans son quartier tranquille de banlieue. En effet, il transportait souvent des résidents de sa maison de retraite pour faire des courses ou d'autres sorties. C'était très apprécié et il en profitait. Évidemment, il aimait le sentiment de liberté que lui procuraient la possession et la conduite d'une voiture.

Il s'agissait donc d'un sujet difficile à aborder. Quelques jours avant mon départ, je lui ai dit : « ce n'est pas nécessaire de venir me chercher à l'aéroport », mais il n'était pas dupe. « Tu t'inquiètes pour ma conduite », a-t-il répondu, « mais je vais très bien ». Je lui ai demandé s'il pouvait s'organiser pour que son ami, bien plus jeune, le conduise à l'aéroport. Ce qu'il a fait.

Plus tard, j'ai à nouveau abordé le sujet. J'ai insisté sur le fait que j'étais inquiète à cause de ses yeux. Il souffrait de dégénérescence maculaire liée à l'âge et ne voyait pas très bien. Je lui ai fait remarquer qu'un petit enfant pouvait peut-être traverser la rue. Sans perdre une seconde, avec un léger sourire, il a répondu : « Peut-être, mais peut-être pas ».

Il savait pourtant qu'il avait perdu. Lui-même était conscient qu'il ne devait pas conduire. Mais il aimait sa voiture depuis aussi longtemps que je m'en souvienne — en fait depuis avant ma naissance. Et maintenant qu'il était vieux, elle lui donnait de l'indépendance et lui permettait d'aider les autres.

Comme on le sait, arrêter de conduire pour les personnes âgées signifie beaucoup. C'est un symbole de diminution, de perte de facultés. Cela indique que nous sommes sur le déclin. Il a pourtant décidé d'arrêter. Il était peut-être soulagé, mais il ne l'a jamais montré. Au dîner, plusieurs de ses amis — qui avaient été informés de mon audace — m'ont remerciée. Ils avaient bien fait quelques allusions, avaient tenté de le raisonner, mais il n'avait rien voulu entendre. Enfin, il m'avait écoutée.

Il s'agit manifestement d'un problème qui se pose pour tout le monde. Peu de temps après, j'ai parlé à une amie en Allemagne qui avait vécu la même chose avec son père. Une autre amie au Royaume-Uni l'avait vécu avec sa mère. Il s'agissait d'un problème universel : comment dire à un parent, par ailleurs indépendant, qu'il devrait arrêter de conduire ? Vous êtes gênés, eux sont sur la défensive, c'est difficile pour tout le monde.

En vieillissant, c'est à nous que ce problème se pose. Nous aimons nos voitures, nous aimons la liberté qu'elles impliquent et c'est assez facile de se convaincre que nos légères faiblesses ne nous empêchent pas encore de conduire. Je suis dans la situation peu commune de ne pas posséder de voiture. Du moins pas depuis cinquante ans. C'était pratique à l'époque à l'endroit où nous vivions, mais nous avons déménagé à New York où la voiture n'était ni pratique ni nécessaire. Lorsque nous sommes partis vivre à Londres, nous étions habitués à ne pas avoir de voiture, cela nous semblait évident. Nous prenions fréquemment le taxi et louions une voiture durant les vacances si besoin.

L'un dans l'autre, c'était le bon choix, mais il y avait un effet secondaire auquel je n'avais pas songé. Mon mari n'ayant jamais appris à conduire, c'était moi qui conduisais chaque fois que cela était nécessaire. Cela n'arrivait pas souvent, deux semaines par an tout au plus. En vieillissant et en étant moins confiante en mes réactions en cas d'urgence, j'ai décidé bien avant la plupart des gens qu'il était préférable que j'arrête de conduire. Cela a eu un impact sur nos choix de départ en vacances, ce qui nous a dès lors un peu déçus, mais je me sens désormais plus en sécurité.

Il faut que je termine mon histoire. Immédiatement après ce voyage à l'aéroport où mon père n'a pas conduit pour la première fois, j'ai trouvé un bouquet de fleurs sur ma table de chevet. C'était assez inhabituel et cela m'a décontenancée. Une note l'accompagnait — « Je t'aime et te pardonne ». Je lui ai plus tard demandé ce qu'il me pardonnait exactement. « De m'avoir demandé de ne plus conduire », a-t-il répondu.

Nous faisons chacun les choses à notre manière.

Le minimalisme

Quelques années plus tôt, il y a eu une période durant laquelle mon mari et moi pensions devoir vivre de manière plus minimaliste. Notre grande et confortable maison, tant désirée lorsque les enfants étaient petits, ne nous convenait sans doute plus. Des réparations, qui augmentaient chaque année, étaient à prévoir, cette décision semblait donc sage. Nous nous sommes inscrits dans plusieurs agences immobilières et avons visité une demi-douzaine de propriétés environ, certaines absolument horribles, d'autres très bien. Nous avons même failli faire une proposition pour l'une d'entre elles. Et puis l'un de nous nous a dit « oui, nous pourrions vivre ici, mais ce ne serait pas aussi agréable et confortable que là où nous sommes actuellement. Pourquoi déménager ? ». Nous avons donc abandonné l'idée.

Lorsque j'étais jeune, j'aurais regardé ces vieilles personnes qui vivaient dans de grandes maisons avec mépris. De jeunes familles avaient bien plus besoin de cet espace, alors pourquoi ne déménageaient-elles pas pour laisser d'autres vivre dans leur maison ? Et puis ne préféreraient-elles pas un endroit plus facile à entretenir ? Ah, bien sûr. Si seulement c'était si simple. Comme nous le savons tous, déménager est une décision très importante et très difficile à prendre. Je n'ai encore jamais rencontré quelqu'un pour qui cette décision fut évidente. C'est un énorme bouleversement, aussi bien d'un point de vue émotionnel que pratique, si pas plus.

Vivre de façon plus minimaliste, c'est trouver un nouvel endroit où habiter. Il y a tant de questions. Faut-il changer de quartier pour se rapprocher des enfants ou simplement pour vivre de nouvelles expériences ? Cela signifie quitter toutes ses connaissances, que cela soit le docteur en qui l'on a confiance depuis des années ou son épicerie préférée. Sans compter ces voisins qui vont nous manquer — ceux qui veillent sur le chat lorsque l'on s'absente ou qui apportent leur aide en cas de maladie. Ce n'est pas facile de retrouver un tel soutien.

Il y a également la question du type de logement qu'il faudrait choisir. On aimerait qu'il soit mieux, mais on sait très bien qu'il pourrait y avoir des vices cachés. Peut-être que cette pièce en trop finira par manquer. Ou que les murs seront trop fins et les voisins trop bruyants. Ou peut-être qu'il sera plus difficile de se déplacer en transport en commun.

Toutefois, le plus difficile reste le fait de trier ses affaires et de jeter — ou donner — un maximum. Pour les plus jeunes, un tel tri peut ne sembler n'être rien d'autre que plusieurs après-midi ennuyeux passés à fouiller dans de vieilles affaires. Pour nous, en revanche, cela signifie se confronter à des questions émotionnelles lourdes. Bien des objets que nous possédons ont pour nous une signification importante pour diverses raisons. Certains nous font penser à notre enfance ou adolescence. D'autres appartenaient à nos parents ou même nos grands-parents. Fouiller tout cela signifie songer à notre vie et à ce qui a compté pour nous. Nous en débarrasser signifie dire au revoir à notre passé. C'est, en effet, une tâche difficile.

Bien sûr, il y a plein de bonnes raisons de déménager. Ceux d'entre nous qui ont la chance de posséder une grande maison vont pouvoir libérer des fonds propres, et ainsi disposer d'une belle somme d'argent pour organiser un chouette projet ou simplement aider la génération suivante. Un endroit plus petit sera également moins cher et plus facile à nettoyer et à entretenir. Il peut être plus récent, plus lumineux ou simplement plus gai. Dieu le sait, nous pouvons tous nous promener dans notre vieille maison et y voir de nombreuses améliorations à apporter, la moquette fatiguée, le carrelage écaillé, le papier peint plutôt usé.

En définitive, c'est une décision très difficile à prendre. Nous voulons agir lorsque nous sommes suffisamment jeunes pour faire face aux bouleversements. Et nous ne voulons certainement pas être confrontés à un déménagement juste après le décès d'un conjoint ou d'un partenaire. Sans parler de la maladie ou de l'invalidité. Beaucoup d'entre nous concluront — comme nous — que l'idée est excellente, mais que cela pourrait attendre quelques années de plus.

Nous sommes probablement nombreux à faire l'autruche.

La condescendance

On peut apprendre beaucoup des enfants. Alors que mon fils n'avait pas encore trois ans, je me suis rendu compte qu'il avait une qualité que je n'avais vue à ma connaissance chez aucun autre enfant. Il m'a fallu un peu d'observation et de réflexion, mais j'ai fini par comprendre. Il n'acceptait tout simplement pas le fait d'être un enfant. Il se considérait l'égal des personnes plus grandes qu'il côtoyait, qu'il s'agisse de parents, d'assistantes maternelles, d'enseignants, de nos amis… Oui, il avait besoin d'apprendre d'eux (quand il le voulait) et oui, ils lui donnaient sans cesse des ordres, mais d'une certaine manière, dans son esprit, il était leur égal.

C'est ce qui sous-tendait un grand nombre de ses interactions au cours de son enfance. Cela n'a jamais été facile, ni pour lui ni pour nous. Dès son plus jeune âge, il aimait collecter des faits de toutes sortes et en avait une bonne mémoire. Même à l'âge de cinq ans, il n'avait aucun problème à corriger les enseignants lorsque leurs faits semblaient incorrects. Cela valait pour nous également. Il ne s'agissait pas seulement du fameux « *terrible two* »[4], période durant laquelle les enfants font systématiquement le contraire de ce qu'on leur demande par pur plaisir. Il ne s'agissait pas non plus de l'exubérance naturelle d'un garçon normal. C'était un état d'esprit qui influençait sa façon de réagir au monde qui l'entourait.

J'ai essayé d'expliquer cela à mes amis. Si nous devions nous retrouver sur une autre planète, par exemple, nous nous rendrions vite compte qu'il nous faut apprendre la langue, les coutumes, l'histoire et les différentes croyances de la population locale, mais s'ils venaient à nous rabaisser, nous nous sentirions bien mal. Nous serions leurs égaux, nous aurions juste beaucoup à apprendre. Pourquoi ne serait-ce pas pareil pour un enfant ?

J'ai trouvé cet état d'esprit fascinant. Dans mon enfance, il ne me serait jamais venu à l'idée de remettre en question mon statut de personne moins-qu'adulte, c'est-à-dire d'enfant, et donc d'être un peu moins que les autres. Cela m'a fait prendre conscience de toutes les fois que l'on traite les enfants avec condescendance.

---

[4] Se dit de la période allant des 18 mois aux 3 ans de l'enfant, marquée par un fort besoin d'autonomie de l'enfant vis-à-vis de ses parents.

Je n'avais plus pensé à cela jusqu'à très récemment, lorsque je me suis rendu compte — ou devrais-je plutôt dire souvenue — que cette attitude hautaine est plus forte encore à l'égard des personnes âgées. Il y a quelque chose dans le fait d'avoir beaucoup de rides qui fait naitre ce besoin de parler avec condescendance. Ce phénomène est exacerbé lorsque la personne âgée a la malchance d'être en situation de dépendance, lorsqu'elle est hospitalisée par exemple. Le « comment ça va aujourd'hui, Ann ? » demandé d'une voix haut perchée n'est pas quelque chose que j'attends impatiemment.

Heureusement, cette condescendance n'a jusqu'à présent pas beaucoup marqué ma vie ni celle de mes amis. Peut-être n'avons-nous pas l'air assez décrépits. Toutefois, mon mari a été approché récemment par une jeune chercheuse, qui faisait une étude sur les personnes âgées fragiles et qui souhaitait manifestement aborder ces personnes avec la bonne attitude. Pourtant, c'est lorsque l'on a besoin d'une « attitude » au lieu d'une interaction normale avec un autre être humain que les problèmes commencent.

Elle cherchait à déterminer s'il était suffisamment fragile pour l'étude, en posant des questions de manière à suggérer qu'elle pensait qu'il était probablement un peu faible. Cela ne s'est pas bien passé. En tant qu'ancien universitaire, il essayait de lui faire définir ses termes. Finalement, elle a décidé qu'il n'était pas assez fragile, ce qui, évidemment, était vrai, mais l'expérience lui a laissé un gout amer dans la bouche.

Cette condescendance à l'égard des personnes âgées, quand on y songe, est très étrange. Nous avons vu tellement plus de choses dans la vie, avons géré davantage de situations difficiles. Oui, si nous avons perdu nos repères à la suite d'un diagnostic de démence, c'est autre chose (et encore, quel est l'intérêt d'être condescendant dans ce cas ?), mais sinon, d'où vient cette attitude ?

J'espère ne jamais le découvrir.

La perte d'amis

Il y a une vingtaine d'années, je discutais avec une amie de mes parents, âgée de quatre-vingt-seize ans et vivant dans la même maison de retraite, qui me faisait part de ses réflexions. Mon père venait de mourir et je songeais à la grosse facture de téléphone que j'aurais à payer après avoir contacté les amis ou appelé à la maison pour parler avec ma famille. Elle m'a dit que l'on devrait tous s'estimer chanceux d'avoir une facture de téléphone élevée. À l'époque où elle vivait, ses factures de téléphone étaient très basses, parce qu'elle n'avait plus beaucoup d'amis à qui parler. Cela m'a fait brutalement prendre conscience de la situation.

Il est clair que l'un des aspects les plus tristes du vieillissement est la mort progressive de nos amis. Chaque perte diminue un peu plus notre vie. Qu'il s'agisse de vieux amis que nous connaissions depuis l'enfance, ou de quelqu'un que nous venions juste de rencontrer, mais avec qui nous étions liés et avions de grands espoirs de nouer une relation durable. Je suppose que c'est une question de chance, que l'on ait perdu beaucoup d'amis au cours de sa vie ou seulement quelques-uns. J'ai été relativement chanceuse de ce côté-là, mais il n'en reste pas moins que les décès s'accumulent.

Ce qui me surprend, c'est la diversité des circonstances. On pourrait penser qu'un décès est un décès. Mais ce n'est pas le cas. En effet, chaque décès semble étonnamment différent. Il y a la mort de mon ami qui vivait avec le sida depuis que je l'avais rencontré et sur laquelle j'ai déjà écrit. Il était jeune et c'est ce qui a rendu la situation poignante. Il s'asseyait dans ma cuisine et parlait de toutes sortes de choses, mais plus d'une fois il m'a regardé et m'a dit : « Ce n'est pas trop demander, je veux juste ma vie ». Et il avait raison. À 30 ans, on devrait avoir une vie devant soi.

Ma plus grande perte a sans doute été celle d'une amie de l'université, que je connaissais depuis plus de cinquante ans. Nous nous voyions pour parler de nos premiers petits amis, puis du mariage, des enfants et enfin des petits-enfants. C'était une personne très profonde, ce qui n'est sans doute pas surprenant puisqu'elle était thérapeute, et elle faisait rarement la conversation. Nous nous sommes retrouvées un jour pour déjeuner alors que nous ne nous étions pas vues depuis cinq ans. Je me suis rendue à son bureau, elle a mis son manteau et, en remontant la rue, s'est immédiatement lancée dans une discussion sur ses inquiétudes au sujet de sa fille. Rien à voir avec l'habituel « comment s'est passé ton vol ? » que je trouve d'un banal... On s'en fiche de mon vol ! Elle est décédée d'un cancer du poumon, avec lequel elle a vécu de longues années.

Il y a aussi les décès soudains et inattendus. J'avais un ami écrivain, dont je n'étais pas proche, mais dont nous appréciions la compagnie. Il vivait seul, avait beaucoup d'amis et a appris qu'il était atteint d'une tumeur au cerveau inopérable et qu'il ne lui restait que quelques semaines à vivre. Je l'imagine en train de se demander ce qu'il devait faire. Sa solution — surprenante à l'époque, mais en fait très sensible et sensée — a été de publier à cet effet sur sa page Facebook. Il y a également remercié tous ses amis. Cela a donné à chacun l'occasion de lui écrire des mots gentils, attentionnés, alors qu'il était encore en vie, et je suis sûre qu'il était entouré de ses amis les plus proches.

Et il y a une amie de longue date qui, alors que j'écris ces lignes, est en train de sombrer. Elle m'a toujours dit que si elle arrivait à un point où il n'y avait plus de raison de vivre, elle se laisserait mourir. Je n'étais pas d'accord avec elle à l'époque, mais en fin de compte, elle avait raison. Je ne fais pas partie de sa famille, il n'y a donc pas grand-chose que je puisse faire.

Je souhaite qu'ils reviennent tous.

Songer à la mort

Cela arrive de plus en plus souvent ces derniers temps. Je suis en train de faire le ménage ou d'aller faire les courses et je me demande soudain ce qui se passerait si ce mal de tête s'avérait être une tumeur au cerveau et que j'étais soudain à l'article de la mort. Ou si mon mari de toujours venait à mourir et que je me retrouvais soudain seule. Cela peut sembler morbide, mais en réalité, quelque chose de ce genre se produira un jour ou l'autre. À quoi cela ressemblera-t-il ? Est-ce que je m'en sortirai ?

Je sais que je ne suis pas la seule. En vieillissant, nous commençons à songer à la mort par moment. Beaucoup d'entre nous préfèrent penser que cela n'arrivera jamais et s'en tiennent **là**. Mais ceux qui aiment se préparer sont susceptibles d'y songer de temps en temps.

Avant mes soixante ans, j'ai rarement pensé à la mort. L'éventualité de mon propre décès ou celui de mon mari me semblait presque aussi éloignée que lorsque j'étais enfant, elle se situait à un horizon très lointain. Maintenant que je suis beaucoup plus âgée, je dois me rendre à l'évidence, les années qui nous restent à vivre sont de plus en plus limitées. Plus nous vieillissons, moins les statistiques sont en notre faveur, cela semble évident. Et chaque année qui passe ne fait qu'empirer la situation. Je pense qu'il est temps de commencer à la considérer.

Oui, certains d'entre nous vivent jusqu'à quatre-vingt-dix ans, et les centenaires sont de plus en plus nombreux. J'ai même de bons gènes, puisque je suis actuellement en bonne santé et que mes parents ont vécu jusqu'à quatre-vingt-dix et quatre-vingt-onze ans respectivement. Mais ce ne sont là que des détails. La vérité, c'est que nous allons vieillir et devenir plus fragiles, et que nous devrons tôt ou tard faire face à l'inévitable. Pour reprendre les mots d'une jeune femme atteinte du sida à l'époque où cette maladie était encore mortelle, « nous n'avons plus l'éternité devant nous ».

Est-ce le moment de mourir qui nous inquiète ? Bien que certaines personnes meurent dans une grande détresse, il est beaucoup plus probable que nous mourrions assez paisiblement. Les soins palliatifs sont de plus en plus compétents à préserver les gens de la douleur. Dans les années à venir, cela ne peut que s'améliorer. Je ne suis pas encore à songer à l'endroit où je voudrais être quand je mourrai, même si je sais que la plupart des gens veulent être chez eux. J'espère simplement que je serai raisonnablement en paix avec moi-même. Le moment venu, je veux m'en aller paisiblement dans la nuit.

Je ne pense pas non plus souvent à mes propres funérailles. De temps en temps, lorsque j'entends un morceau de musique particulièrement beau, je dis nonchalamment « vous pouvez jouer cela à mon enterrement ». En réalité, ce serait mieux qu'il soit joué à un enterrement auquel j'assiste de mon vivant, que je puisse l'entendre.

Ou est-ce le fait de ne plus vivre qui nous inquiète ? De ne plus être là pour profiter des nombreux plaisirs de la vie ? Ou de ne plus être là pour notre famille et nos amis, ceux qui comptent encore sur nous. Ce sont là des questions bien « lourdes » auxquelles il nous faut nous préparer.

En réalité, nous faisons de nombreux préparatifs sans y penser. L'envie de réduire nos possessions découle en partie de la volonté de faciliter notre décès à ceux qui devront gérer nos affaires après notre mort. Ceux qui l'ont fait pour quelqu'un d'autre doivent se rendre compte à quel point ces questions sont complexes. Les visites à des amis ou à des parents perdus de vue depuis longtemps — ou à des personnes que nous ne voyons pas souvent — peuvent également être stimulées par l'idée de le faire avant qu'il ne soit « trop tard ». Ces pensées peuvent rester inexprimées, mais elles n'en sont pas moins réelles pour toutes les personnes concernées.

En fait, je pense moins à ma propre mort qu'à celle de mon mari, car, statistiquement, c'est probablement lui qui mourra en premier. Comme nous avons été mariés presque toute notre vie d'adulte, il est vrai qu'il est un peu effrayant d'envisager de se retrouver soudain seule. Ceux qui sont déjà veufs savent sans doute beaucoup mieux de quoi je parle.

Bien que je ne sois pas obsédée par la mort, j'ai écrit deux livres qui traitent de deux aspects différents de celle-ci. L'un porte sur les jeunes atteints du VIH et du sida dans les années quatre-vingt-dix, qui mouraient tous à l'époque, car il n'y avait pas encore de remède. Ce n'est pas du tout un livre morbide, plutôt un livre honnête sur des personnes confrontées à une mort prématurée. J'ai été impressionnée par leur résilience et j'ai appelé ce livre *Wise before their Time*, « Sage avant l'heure »[5], car je sentais que c'est ce qu'ils étaient.

Le deuxième livre porte sur les personnes qui travaillent avec les mourants. J'ai été bénévole dans un hospice[6] pendant quatre ans et j'ai trouvé fascinant que tant de personnes puissent se rendre chaque jour au travail pour aider les gens à mourir. J'ai interrogé des infirmières, des médecins, des aumôniers de différentes confessions, des administrateurs et même un chef cuisinier très réfléchi.

Je l'ai appelé *Life in a Hospice*, « La Vie dans un Hospice »[7], à nouveau parce que c'est ce dont il s'agissait — la vie avant la mort.

---

[5] Traduction non officielle *ndlt*

[6] Au Royaume-Uni, un *hospice* peut être décrit comme un type de centre de soins palliatifs, les patients y sont en général dirigés lorsqu'il leur reste peu de temps à vivre ; la famille, les amis et les proches y sont plus facilement admis que dans un centre de soins palliatifs au sens strict du terme. Nous avons conservé le terme hospice dans la traduction en français. *ndlt*

[7] Ce livre a été traduit en français sous le titre « *Fin de vie: Quand soigner est un privilège: réflexions sur L'accompagnement des mourants* »

Il n'y a pas si longtemps, j'ai regardé une interview de Sir Ian McKellen, qui m'a toujours semblé être un homme très réfléchi. Alors âgé de quatre-vingts ans, il a déclaré qu'il pensait souvent à la mort et qu'il avait même organisé ses propres funérailles. Il a ajouté qu'il pensait que c'était une si belle occasion qu'il se demandait s'il pouvait organiser une répétition générale anticipée pour pouvoir y assister. Il a supposé que les personnes âgées pensaient beaucoup à la mort, parce que c'était une façon de s'y préparer. Le moment venu, cela les aide probablement à se sentir prêts.

Je pense qu'il a tout à fait raison.

La vie s'arrête en plein milieu d'une phrase

Il n'y a pas longtemps, j'ai entendu une expression qui m'a interpellée. Elle avait l'allure d'un dicton célèbre même si, après enquête, il s'est avéré que ce n'était pas le cas. Mais surtout, elle était d'une grande profondeur. Elle disait simplement : « La vie s'arrête en plein milieu d'une phrase ».

La fin de la vie au milieu d'une phrase signifie essentiellement que la fin n'est pas nette. Et j'ai l'impression que c'est plus souvent vrai que faux. Cela m'a amenée à m'interroger sur la façon de mettre de l'ordre dans ma propre vie avant l'heure. Oui, lorsque la fin arrive, comme cela arrivera un jour, nous voulons être prêts. Nous voulons que nos affaires soient réglées et que nos enfants n'aient pas la terrible tâche de s'en occuper.

Certaines personnes ont sans doute déjà atteint cet objectif. Elles ont soigneusement réduit leur espace de vie et leurs biens. Au cours de ce processus, elles auront trié tous leurs vieux papiers, en jetant la plupart et en prenant bien soin d'organiser les plus importants. Leurs livres auront été triés et réduits au minimum. Plus important encore, elles auront transmis tous leurs objets de valeurs remplis de souvenirs dont elles voulaient être sûres qu'ils atterriraient dans les mains d'une fille ou d'un fils en particulier. Ou, peut-être, d'un petit-enfant ou d'un ami. Elles auront rédigé leurs dernières volontés et se seront assurées qu'elles se trouvent en lieu sûr.

En somme, toutes ces choses qui semblent s'accumuler au fil des ans auront été considérablement réduites. Tout sera à sa place. Il sera facile de faire le ménage après leur mort. Elles n'auront laissé aucun désordre derrière elles. Félicitations.

Mais est-ce vraiment si facile ? La plupart d'entre nous peuvent-ils être aussi bien organisés ? Nous pouvons avoir une sorte de plan et l'envie de bien faire, mais je me demande si nous ne pourrons jamais avoir une vie aussi bien rangée. Et, plus important encore, le souhaiterions-nous ? L'image de chaque chose à sa place suggère que nous avons déjeuné, rangé, débarrassé la table et que nous sommes assis tranquillement dans un fauteuil en attendant que la Faucheuse frappe à la porte.

En réalité, la vie n'est pas ainsi faite. Nous avons tous des projets d'une manière ou d'une autre. Pour moi, c'est l'écriture, mais pour d'autres, ce peut être la peinture ou le tricot d'un vêtement spécial pour un petit-enfant ou la planification des prochaines vacances. Ou même des suivantes. L'être humain n'a pas l'habitude de se reposer et d'attendre. Il s'agite, se promène et s'investit dans ce qui l'intéresse.

Même si nous n'avons pas de projet précis, nous pouvons avoir des rêves. Cela m'est apparu très clairement lorsque j'aidais mon ami mourant du sida, il y a trente ans environ. Nous écrivions un livre ensemble et étions devenus de bons amis. Il avait vécu plus longtemps que prévu, mais son corps commençait à le laisser tomber. Ayant été très actif dans la communauté du sida, il était parfaitement conscient de sa situation. Je l'ai aidé dans la mesure du possible. Un jour, il m'a notamment demandé de poster une lettre, accompagnée d'un coupon, à une société offrant un voyage gratuit aux Caraïbes à un heureux gagnant plusieurs mois après. Je me souviens avoir marché jusqu'à la boîte aux lettres la plus proche, me demandant pourquoi j'accomplissais cette tâche manifestement inutile. Mais je savais que ces rêves faisaient partie de ce qui le maintenait en vie. Il est mort deux semaines plus tard.

Même si j'aimerais beaucoup savoir que ma vie est « en ordre », je n'ai pas encore entamé ce processus. Je pense sans cesse au fait de devoir réduire mes possessions, mais comme Saint-Augustin au sujet de la chasteté, je dis : « Oh, Seigneur, pas tout de suite ». J'ai jeté beaucoup de papiers, donné beaucoup de livres et fait des listes qui faciliteront la vie de mes enfants lorsqu'ils devront faire face à mon décès. Mais je n'ai pas encore déménagé de notre grande maison familiale où nous vivons depuis quarante ans, et je possède encore beaucoup de choses qui devraient être placées ailleurs.

Plus important encore, j'ai toujours de nombreux projets. J'ai presque terminé un livre et j'en prépare un autre. Il y a des livres que j'aimerais lire. Mes photos de famille sont en désordre et doivent être triées si ceux qui restent veulent savoir qui était qui. Une longue liste de choses à faire trône sur mon bureau.

Et il y a des objectifs pour l'avenir qui ne seront jamais réalisés. Je veux voir mes petits-fils grandir et savoir ce qu'ils feront de leur vie. Si je vis suffisamment longtemps, je ressentirai la même chose pour mes éventuels arrière-petits-enfants. C'est sans fin.

En vérité, nous ne nous arrêtons pas tant que nous ne sommes pas arrêtés. À ce moment-là, nous serons au milieu d'un tas de choses. Il y aura toujours une longue liste de choses à faire. Bref, nous serons en plein milieu d'une phrase.

Et c'est ainsi que cela doit être.

MOMENTS DE VIE

L'unité de soins spécifiques

1986

En raison de mon travail, il m'arrivait de me retrouver dans un endroit très étrange et de me demander comment j'avais pu arriver là. C'était l'une de ces occasions. Un collègue et moi-même déjeunions à la cafétéria d'un centre de formation pour adultes, une sorte de centre de jour pour les personnes handicapées mentales âgées de dix-huit ans ou plus, qui ne semble plus exister aujourd'hui. La nourriture était basique et il y avait beaucoup de stagiaires. Le personnel nous parlait, à mon collègue et moi, de l'unité de soins spécifiques que nous devions visiter après le déjeuner. Un homme semblait vouloir attirer mon attention et j'ai supposé qu'il s'agissait d'un des stagiaires. J'ai su par la suite que c'était le directeur de l'unité. Leçon retenue !

Pour la plupart des gens, ma vie professionnelle semblait être une activité très étrange. Je n'ai jamais eu d'emploi à orientation unique ni même permanent. J'étais ce que l'on appelle une chercheuse sociale — d'abord très junior, puis senior — dans le domaine de la santé et de l'aide sociale. Les contrats sont inévitablement de courte durée, trois ans étant une longue période et six mois étant une durée classique. Chaque emploi doit être trouvé ou créé, soit en posant sa candidature pour participer à un projet, soit en concevant et en finançant avec succès son propre projet. Lorsque, au milieu des années quatre-vingt, je suis devenue totalement indépendante, ma vie professionnelle s'en est trouvée encore plus imprévisible, car je pouvais recevoir des demandes de travail pour quelques semaines ou même quelques jours. Je ne savais jamais ce que j'allais faire ensuite, je pouvais très bien me retrouver au chômage. Et, comme un acteur, cela me tenait en haleine, car j'avais l'impression d'être considérée comme n'étant douée que si mon dernier emploi avait été bon.

Mais c'était aussi fascinant. J'étais une chercheuse qualitative, je posais des questions aux gens et j'analysais les informations ainsi obtenues. Au fil du temps, j'ai mené un mélange d'entretiens individuels et de groupes de discussion sur toutes sortes de sujets. J'apprenais constamment et je me mettais au défi de me débrouiller dans des domaines qui dépassaient largement mes connaissances générales. J'ai beaucoup apprécié cet aspect.

J'ai également eu l'occasion de rencontrer des personnes de tous horizons et de voir toutes sortes de situations. J'ai interrogé des chômeurs, dont l'état de pauvreté était affligeant. J'ai interrogé de nombreux cadres moyens ou supérieurs de conseils locaux qui étaient inévitablement surpris que quelqu'un s'intéresse à leurs réflexions. À la suite d'un entretien avec un médecin du *Collège royal de Chirurgie*, j'ai eu droit à une visite guidée du bâtiment, avec son propre musée — au grand dam de sa secrétaire qui avait un autre rendez-vous. Je me suis même une fois retrouvée dans le bureau spacieux et cossu d'un très haut fonctionnaire, qui m'a demandé — à ma grande surprise — comment je dépenserais un million de livres sterling dans un but précis. Et, à ma plus grande surprise encore, quelques mois plus tard, un grand programme a été annoncé, qui incluait mes suggestions.

Mais de toutes ces situations, celle dont je me souviens le plus clairement est la visite de l'unité de soins spécifiques ce jour-là. Le centre de jour proposait des activités aux personnes ayant terminé l'école et les participants étaient tous des adultes vivant à la maison avec leurs parents. L'unité était destinée aux personnes les moins capables, qui avaient besoin de beaucoup d'aide. Le personnel du centre de jour était très enthousiaste à l'idée que nous visitions cette unité, même si elle n'était pas vraiment en rapport avec notre recherche.

La partie la plus mémorable de cette visite a été le directeur, si effacé que nous ne l'avions pas reconnu lorsqu'il avait sollicité notre attention au cours du déjeuner. Cet homme, dont j'ai oublié le nom depuis longtemps, était l'une des personnes les plus discrètement impressionnantes que j'aie jamais eu le privilège de rencontrer. Il s'occupait de ce que beaucoup considèrent comme la fin la plus difficile de l'humanité et il leur donnait de la dignité. Il aimait manifestement son travail ainsi que la quinzaine de personnes dont il avait la charge, et il a raconté un certain nombre d'histoires à leur sujet.

Tout d'abord, il nous a dit qu'il avait réussi à apprendre à chacun d'entre eux à se laver, alors qu'aucun n'en était capable à son arrivée. Cela avait demandé du temps et de la patience (comme toute mère le sait), mais c'était possible et il l'avait fait. Tous les parents, bien sûr, étaient ravis, car ce simple geste leur avait grandement facilité la vie à la maison.

Ensuite, il avait réussi à amener la plupart d'entre eux à un stade où ils pouvaient prendre part à des activités quotidiennes ordinaires, dont ils avaient été privés toute leur vie. Il nous a raconté qu'il les emmenait en promenade et qu'un jeune homme adorait marcher sur les murets devant les maisons, comme le font les enfants, mais qu'il n'en avait jamais eu l'occasion. Sa mère était ravie.

Un soir, il a emmené un petit groupe au pub local. Ensuite, il a dû les raccompagner chez eux. Un homme, âgé d'une trentaine d'années, avait trop bu. Le directeur nous a raconté combien il était nerveux lorsqu'il a remis cet homme légèrement ivre à sa mère et qu'il s'attendait à être sévèrement réprimandé pour l'avoir laissé se mettre dans cet état. Au lieu de cela, elle a fondu en larmes. Elle lui a dit qu'elle pensait qu'il n'aurait jamais l'occasion de vivre une expérience aussi normale — et l'a chaleureusement remercié.

Il y avait aussi une jeune femme d'une vingtaine d'années qui était totalement inaccessible. Elle était à la fois aveugle, sourde, muette et semblait ne pas savoir qui elle était ni où elle se trouvait. Elle était assise par terre au milieu de la pièce et se balançait d'avant en arrière. C'était déchirant à voir.

Mon collègue et moi-même avons été secoués et très émus par cette expérience. Nous avions vu quelque chose d'inattendu et que peu de gens voient. Les personnes souffrant d'un trouble de l'apprentissage, quel qu'il soit, sont souvent très vulnérables, mais celles-ci étaient d'un autre niveau. Et elles étaient certainement bien plus cachées du reste d'entre nous.

Il nous a fallu beaucoup de temps pour retrouver notre sens de l'équilibre, de la normalité.

La béatification

1990

La lettre est arrivée un vendredi en fin d'après-midi, avec un papier à en-tête gaufré. Elle émanait de la présidente du *Mount Holyoke College*, un excellent établissement d'enseignement supérieur féminin américain avec lequel je n'avais jamais eu le moindre contact. Elle m'informait qu'elles souhaitaient me décerner un titre honorifique et me demandait de les contacter pour prendre les dispositions nécessaires. Je n'avais pas cinquante ans, j'avais été, à mon avis, une bonne chercheuse en sciences sociales et j'avais publié fréquemment, mais je n'étais pas quelqu'un d'éminent. Dans notre langage plus moderne, cela semblait être un honneur qui dépassait totalement mes compétences.

Je me suis tout d'abord demandé s'il ne s'agissait pas d'un canular, mais je ne voyais personne dans mon entourage qui aurait voulu — ou pu — le faire. L'en-tête de la lettre semblait assez authentique. J'ai immédiatement téléphoné à mes parents, qui avaient tous deux occupé des postes où l'on pouvait s'attendre à recevoir un titre honorifique, mais qui n'en avaient jamais reçu. Ils étaient absolument ravis. Mon père a parlé de « béatification » et, j'en suis sûre, a ennuyé tous ses amis avec cette nouvelle.

J'étais plus préoccupée par sa véracité. Le lundi, j'ai téléphoné au bureau de la présidente du collège et une secrétaire m'a répondu. En entendant ma question, elle a immédiatement déclaré : « Je ne sais rien à ce sujet ». Je me suis dit qu'il s'agissait donc d'un canular. Mais, bien sûr, il s'est avéré que personne ne l'avait informée et que la lettre était bel et bien authentique.

Elles étaient impatientes que je vienne pour recevoir mon titre le mois de mai suivant. J'avais déjà réservé un voyage aux États-Unis pour avril, ainsi qu'un voyage d'affaires en Belgique, et je n'avais pas vraiment envie de retraverser l'Atlantique si tôt. Je dois ajouter que je n'aime pas non plus les cérémonies publiques et que je n'ai jamais assisté à aucune de mes propres cérémonies de remise de diplômes (licence, maîtrise ou doctorat). J'ai répondu, un peu hésitante, que ce serait gênant et je me suis demandé s'ils pouvaient éventuellement me l'envoyer. Dans ce cas, m'a-t-on dit, nous le remettrons une autre année. J'ai alors réalisé que je ferais mieux d'y aller et d'en finir. Ce serait peut-être amusant.

C'est ainsi qu'a commencé la seule petite semaine de ma vie où j'ai eu l'impression d'être quelqu'un d'important. Ce n'était pas rien, après tout, de se voir décerner un titre honorifique et, pendant ces quelques jours, j'ai été traitée — et je me suis sentie — comme une reine. Mon seul regret était qu'on ne m'ait pas demandé de parler à la classe de diplômées. J'aimais l'idée de parler à un groupe de jeunes femmes intelligentes du fait d'être « au seuil de la vie ».

Le moment venu, j'ai pris l'avion pour New York et le train pour le Massachusetts. J'ai dû rester debout pendant la majeure partie du trajet, car c'était un week-end de vacances et que les trains étaient pleins. Je me souviens avoir pensé : « Je reçois un titre honorifique, je devrais avoir une place assise », mais je n'ai rien dit. Qui cela intéressait-il ?

Il y avait plusieurs autres personnes qui recevaient un titre honorifique — une jeune femme dramaturge qui avait étudié à *Mount Holyoke* (qui a prononcé le discours que je voulais faire), un

Afro-Américain, président de l'université Howard, qui avait dit qu'il m'y remettrait également un titre (mais, malheureusement, je n'ai jamais eu de nouvelles de lui), et un scientifique français d'un institut de Paris qui avait fait une découverte liée au cancer.

Nous avons tous été pris en charge avec soin pendant tout le week-end. On m'avait affecté un jeune professeur d'économie dont le travail consistait à me faire sentir la bienvenue. Je me souviens qu'il m'a conduit dans des endroits pittoresques de la région. J'ai demandé pourquoi j'avais été choisie et il m'a répondu qu'il ne savait pas, que tout était décidé par un comité, mais que la personne qui m'avait nommée était absente. Et je ne l'ai jamais su.

La cérémonie de remise des diplômes a été à la fois merveilleuse et terrible. Nous avons tous reçu les tenues habituelles (dont une partie que j'ai été autorisée à emporter chez moi et qui est restée intacte dans mon armoire) et, après avoir marché cérémonieusement, nous nous sommes assis sur l'estrade. Après les discours habituels, chaque diplômée s'est approchée de la présidente de l'université qui **lui** remettait **son** diplôme, **lui** serrait la main, souriait chaleureusement et disait quelque chose de personnel. J'étais assise tout près et j'ai été incroyablement impressionnée par le fait qu'elle ait été aussi chaleureuse et accueillante avec la dernière diplômée qu'elle l'avait été avec la première.

Mais c'était très long. Je n'aime pas rester assise pendant longtemps. Je savais que je ne devais pas m'agiter devant tout le monde. Mon esprit vagabondait dans tous les sens et, à un moment donné, je me suis demandé combien de temps il restait. C'est alors que j'ai réalisé que les filles étaient appelées sur scène par ordre alphabétique et que nous en étions à la lettre « G ». Elles étaient environ cinq cents.

À la fin, chacun de ceux recevant un titre honorifique a également été invité à se lever, recevoir des éloges sur son travail, et, à son tour, serrer la main de la présidente. Ils avaient bien travaillé, car mes éloges reflétaient effectivement tout ce que j'avais accompli. C'est ainsi que s'est déroulée ma béatification.

Mes parents sont venus assister au spectacle et, une fois terminé, m'ont ramenée dans leur maison de campagne située à environ deux heures de route, dans les montagnes de Catskill, dans l'État de New York. En guise de cadeau, ils m'ont fait prendre l'avion pour aller d'Albany à l'aéroport JFK, un voyage inoubliable le long de la magnifique rivière Hudson, à une altitude bien inférieure à celle de la plupart des avions. En prime, cela m'a permis d'éviter les tracas et le trafic de la ville de New York pendant un week-end de vacances.

Ces quelques jours ont été grisants. Oui, je me suis sentie « importante ». Un jour environ après mon retour à la maison, mon fils, alors âgé de neuf ans, m'a fait un commentaire qui m'a ramenée sur terre.

Où je suis toujours depuis.

Fierté nationale italienne

1991

J'ai remarqué que certains enfants ont tendance à s'attacher passionnément à certaines choses, qui changent régulièrement au fil du temps, mais qui sont très intenses tant qu'elles durent. Je n'étais pas comme cela, mais ma sœur si. Ma fille ne l'était pas, mais mon fils si. Les passions particulières étaient toujours imprévisibles et leur genèse n'était pas toujours claire, mais tant qu'elles duraient, on ne pouvait pas ne pas savoir ce qui les intéressait. Pour mon fils, une année c'était comprendre les planètes et les étoiles, une autre mémoriser les pays du monde avec leurs capitales et leurs drapeaux.

Vers l'âge de huit ans, il s'est passionné pour les pierres semi-précieuses. Il aimait les collectionner et les porter à de rares occasions. Il fouillait ma petite boite à bijoux et prenait quelques accessoires qui l'intéressaient. J'ai d'ailleurs une photo de lui portant environ six colliers et des bracelets à chaque poignet, le tout accompagné d'un short en jeans et d'un maillot de football rayé. Rien de très féminin. Bien sûr, nous ramassions de temps en temps des pierres qui pouvaient l'intéresser sur les plages et lui achetions parfois une pierre précieuse, une améthyste par exemple.

En 1991, alors qu'il n'avait que dix ans, nous avions prévu plusieurs excursions sur la côte amalfitaine, dont une à Herculanum. C'était une belle journée et un site intéressant. Une boutique vendait des boites contenant des collections différentes de pierres précieuses, qu'il a voulu acheter avec son propre argent. Je me souviens que cela coûtait environ 10 livres sterling (en lires), ce qui était une somme considérable à l'époque pour l'argent de poche d'un jeune garçon. Mais il avait choisi de faire cet achat et il en était très fier.

Après une longue visite du site, nous sommes allés déjeuner. À la fin du repas, alors que nous nous promenions dans les environs, nous nous sommes rendu compte que nous n'avions plus le paquet contenant les pierres. L'hypothèse la plus probable était que nous l'avions oublié au restaurant. Nous y sommes évidemment retournés, et le responsable nous a dit qu'aucun paquet n'avait été trouvé. Il a même vérifié auprès de quelqu'un d'autre, mais il était clair que les pierres n'étaient pas là.

Nous avons passé un certain temps à chercher le paquet partout en revenant sur nos pas, sans grand espoir et d'ailleurs sans succès. Nous étions tous très tristes et mon fils, comme on pouvait s'y attendre, était au bord des larmes. Nous étions loin de la gare et devions prendre un train, nous avons trouvé un taxi pour nous ramener à temps. Le chauffeur du taxi a tout de suite compris que quelque chose n'allait pas. Son anglais était léger et mon italien à peine meilleur, mais d'une manière ou d'une autre il a exprimé son inquiétude et a voulu savoir quel était le problème. Lorsque je lui ai expliqué la situation, il a demandé les coordonnées du restaurant et nous y a conduits. Nous avons attendu dehors, sans grand espoir, mais il est revenu quelques minutes plus tard avec notre paquet.

Mon fils était bien sûr ravi de le retrouver, mais le chauffeur de taxi était très contrarié et en colère. Je ne sais pas s'il connaissait ce restaurant en particulier, mais il savait clairement que les lieux touristiques comme celui-ci se faisaient une joie de garder les paquets oubliés et, vraisemblablement, d'en revendre le contenu. Je n'ai pas compris tout ce qu'il m'a dit, mais il m'a fait savoir qu'il avait honte de cette pratique et de la réputation qu'elle donnait à son pays. En contrepartie, il a refusé que nous lui payions quoi que ce soit. L'honneur italien était sauf.

Et mon fils a toujours ses pierres.

Chapitre 3 : BEAUCOUP DE CHOSES RESTENT LES MÊMES, LES BONNES CHOSES.

Introduction

L'un des principaux aspects de la vieillesse est gardé secret. Personne n'en parle. Peut-être même que personne n'y pense. C'est le simple fait que la vie de la plupart des personnes âgées est généralement remplie de toutes les choses qu'elles faisaient avant. Bien sûr, elles peuvent abandonner certaines activités par choix ou en raison d'un changement de circonstances et, peut-être pour les mêmes raisons, elles en trouveront d'autres. Mais pour beaucoup d'entre nous, la vie continue comme dix, vingt, voire trente ans auparavant.

Ce n'est pas surprenant. À force d'essais et d'erreurs, nous trouvons les choses que nous aimons faire et nous continuons à les faire. Ce chapitre explore certaines activités que j'aime faire et que je fais depuis des années. Il ne représente évidemment qu'une petite partie des nombreuses activités sur lesquelles j'aurais pu écrire. J'ai laissé de côté les joies de se poser avec un bon livre, d'aller voir un grand film ou d'écouter de la belle musique. Ou encore de cuisiner de bons petits plats. Je ne vais pas non plus parler de voyage ou de jardinage. On ne peut pas tout raconter.

Ce ne sont probablement pas les choses que vous préférez faire. Vous pouvez même ne pas du tout les aimer. Mais j'en parle ici pour vous donner l'occasion de réfléchir à la question générale des choses que nous faisons au cours de notre vie. Elles vont des passe-temps qui aiguisent les sens et apportent donc une sorte de spiritualité dans la vie — chanter, faire du yoga, du bénévolat —

aux activités les plus banales — discuter ou faire une petite sieste. Pris dans leur ensemble, elles sont l'essence même de la vie.

C'était le cas avant, ça l'est toujours maintenant.

Le chant

Je n'avais que sept ou huit ans et ma classe chantait. Un professeur jouait du piano et la combinaison du chant en groupe accompagné par la musique m'a procuré cet étrange frisson que la musique peut soudainement provoquer. C'était une sensation nouvelle très forte, ce qui explique peut-être que je me souvienne encore de la chanson : « Bienvenue, doux printemps, nous te saluons en chantant ». Grâce à Internet, qui n'existait pas encore à l'époque, je sais maintenant qu'il s'agit d'une chanson composée à la fin du 19e siècle. Aujourd'hui, je la trouverais sans doute beaucoup trop mièvre, mais elle m'a fait découvrir le pouvoir tangible de la musique.

Ce n'était évidemment pas ma première introduction à la musique en tant que telle. La plupart d'entre nous étaient censés chanter enfant, que ce soit à l'école, à l'église ou en famille, et je ne faisais pas exception. Ma mère avait l'habitude de s'asseoir au piano et de jouer des chansons pour que mon frère et moi les chantions avec elle. J'aimais beaucoup ces séances et j'ai appris énormément de chansons, notamment grâce à un recueil de vieilles chansons folkloriques anglaises. Toutes n'étaient pas adaptées aux enfants. Je n'ai jamais pu comprendre la complainte plutôt mélancolique d'une femme qui « avait l'habitude de porter son tablier bas », mais qui le portait désormais « haut ». En effet, on m'a dit que j'avais fait sensation à l'école maternelle lorsque ma très convenable institutrice nous a demandé ce que nous voulions chanter. « *What shall we do with the drunken sailor?* »[8] ai-je proposé. Je trouvais que c'était un air entrainant. Elle a refusé.

Plus tard, j'ai chanté dans la chorale de l'école et j'ai trouvé cette activité très gaie et satisfaisante. Je chantais la partie alto et j'aimais relever le défi de ne pas chanter la mélodie, mais d'améliorer le son dans son ensemble. C'est toujours le cas. Une fois, j'ai chanté en duo, lors de l'assemblée de l'école, un extrait de *Ceremony of Carols* de Benjamin Britten, ce qui était très effrayant à l'époque, mais très plaisant à faire.

Puis il y a eu une période d'accalmie. Je n'ai jamais rejoint de chorale à l'université ni ailleurs, parce que je pensais que je ne serais pas assez douée. Plus le temps passait, plus ce sentiment se renforçait. Enfin, au début de la cinquantaine, j'ai été invitée, comme tous les parents, à chanter dans la chorale des parents de l'école de mon fils. J'ai hésité pendant un certain temps, mais j'ai finalement décidé que si j'étais refusée à l'audition, ce ne serait pas dramatique. Il n'y a pas eu d'audition.

Et depuis plus de vingt-cinq ans, je chante dans cette chorale, ainsi que dans une autre. Nous chantons généralement des titres sérieux, comme le *Requiem* de Brahms, une messe de Mozart ou même du Bach, mais il nous arrive de faire d'autres choses de temps en temps. Nous avons même chanté *Bohemian Rhapsody* de Queen. C'était l'un des jubilés de la reine Élisabeth et notre chef de

---

[8] Nous pourrions traduire ce titre par « Que faire du marin ivre ? ». Il s'agit d'un chant de marins qui fait référence aux corvées matinales auxquelles certains marins, encore alcoolisés de la veille, ont bien du mal à participer.

chœur, qui avait un grand sens de l'humour, a proposé cette chanson pour marquer l'occasion au lieu des interprétations habituelles de chansons royales.

Les chorales ont connu un véritable regain d'intérêt ces dernières années et cela ne m'étonne pas. Chanter avec d'autres crée un véritable lien, car le tout est bien meilleur que la somme des parties. Vous luttez ensemble durant les couplets difficiles et vous triomphez ensemble lorsque vous y arrivez. C'est parfois frustrant lorsque les choses tournent mal, mais tellement merveilleux lorsque tout le monde chante bien. Et, bien sûr, il y a le bonheur de l'interprétation — chanter de la belle musique pour le plaisir des autres est une activité formidable, que ce soit dans une église ou une salle de concert.

Et la cerise sur le gâteau, c'est que chanter, où que ce soit — chorale, bain ou autre — est très bon pour la santé, parait-il. C'est bon pour les poumons et pour l'exercice en général. Il est certain que lorsque je me sens mal, un bon chant suffit à me remonter le moral.

Je continuerai à chanter avec ma chorale aussi longtemps que possible. Même pendant le confinement, j'ai continué à chanter sur Zoom, ce qui était un peu mieux que rien du tout. Et le chant est une activité que l'on peut pratiquer à tout âge. Les membres de ma chorale vont d'une vingtaine d'années à une femme de plus de quatre-vingt-dix ans.

Je ne les connais pas tous de nom, mais je sais que nous partageons quelque chose.

« Ma mamie aime bien faire le poirier »

Lorsque mon petit-fils ainé, aujourd'hui adolescent, était tout petit, il adorait me regarder faire le poirier, ce que j'avais appris en faisant du yoga. Il essayait de m'imiter, sans grand succès, mais je l'en dissuadais de toute façon, car on m'avait dit que ce n'était pas bon pour un petit enfant. Ma fille m'a raconté par la suite qu'il était allé à l'école maternelle et avait dit à sa maitresse : « Ma mamie aime bien faire le poirier ». Je n'ai jamais entendu ce qu'elle a répondu, mais j'ai aimé cette phrase.

Et il avait raison. C'est ce que je faisais, et bien que j'aie plus de soixante-dix ans, je le fais toujours. C'est grâce au yoga.

À moins de pratiquer le yoga depuis des années, la plupart des personnes âgées ne penseraient probablement pas à essayer. Elles voient leurs filles en faire, mais pensent qu'elles sont trop vieilles. Elles pensent peut-être que cette activité exige de ressembler aux femmes jeunes et souples que l'on voit sur la plupart des photos de yoga. Mais ce n'est pas le cas. Des personnes de toutes formes, toutes tailles et tous âges peuvent faire du yoga. Il ne s'agit pas de mettre un justaucorps et de chercher à être belle. Mon cours est rempli de grands-mères comme moi. Et nous nous y consacrons toutes, qu'il pleuve ou qu'il vente. Cela nous fait nous sentir mieux.

J'ai mis du temps avant de découvrir le yoga. J'aurais aimé le faire plus tôt. Il y a des années, alors que je pensais que je devais faire plus d'exercice pour rester en forme, plusieurs amies m'ont suggéré d'essayer le yoga. Lorsque j'ai demandé en quoi cela consistait, elles m'ont répondu que l'on prenait des poses bizarres et qu'on les maintenait pendant un temps. Cela me paraissait étrange et ne semblait pas avoir de rapport avec l'exercice physique. L'idée ne m'attirait pas et je ne l'ai donc pas creusée.

J'avais eu terriblement tort. Finalement, j'ai commencé le yoga au début de la cinquantaine à cause de problèmes de dos. J'avais consulté une très bonne ostéopathe, dont les soins fonctionnaient quelques jours, mais s'estompaient au bout d'une semaine ou deux. Elle m'a encouragé à essayer le yoga pour renforcer mon corps, et permettre aux changements qu'elle induisait de durer plus longtemps. Cela me semblait raisonnable et j'ai donc surmonté mes préjugés initiaux. Le résultat a été que je suis devenue beaucoup plus forte. Et je n'ai plus eu besoin d'ostéopathe. Et j'ai adoré le yoga.

Certains types de yoga impliquent beaucoup de mouvements et ressemblent vraiment à un cours d'exercice. Celui que j'ai finalement choisi — le yoga Iyengar — est lent et ciblé, mais mon Dieu ce que vous faites travailler vos muscles, tant internes qu'externes. C'est grâce à ces postures étranges. J'ai réalisé que je devais faire la distinction entre le fait d'être visiblement active et celui de l'être tout autant, mais moins visiblement. Le yoga fait travailler tout notre système.

Le résultat est à la fois subtil et profond. J'ai lentement commencé à me sentir plus souple — ou « flexible » comme l'a dit une amie. Toutes sortes de mouvements quotidiens sont devenus plus simples, ce qui est à la fois agréable et pratique, surtout avec l'âge. Mon équilibre s'est nettement amélioré. Il est difficile d'en juger, mais on dit que la respiration devient plus facile. Ma santé, qui a toujours été bonne, l'est restée.

Le yoga est plus qu'un simple exercice. Il vous met en contact avec votre propre corps, ce qui vous permet de vous sentir plus en phase avec son mécanisme. Une amie, professeur de yoga, a dit qu'il « réveille le corps et lui donne une bonne secousse ». Il nous aide à redécouvrir les joies de l'utilisation active de notre corps, plutôt que de le considérer comme un objet que nous portons sans trop y penser. Je trouve aussi que cela demande une concentration telle que j'oublie les choses qui me préoccupent et que je me sens bien plus fraîche. Certaines personnes s'apprécient même davantage.

Le confinement s'est avéré être un véritable problème pour ceux d'entre nous qui prennent le yoga au sérieux. Enthousiaste comme je suis, j'ai eu du mal à le faire seule à la maison. Il est tellement plus facile d'obéir aux « ordres » du professeur et d'avoir l'assurance qu'il veille à une correcte exécution des postures. En effet, j'ai toujours dit que le génie de mon professeur était de savoir quand nous devions cesser une posture particulière qui pouvait être mauvaise pour notre corps, si nous souffrons du dos par exemple, mais aussi de savoir quand nous devions persévérer, notre réticence n'étant due qu'à de la paresse.

Lorsqu'un professeur a décidé de mettre en place des cours sur Zoom, j'y ai participé avec plaisir.

L'écriture

J'avais huit ans. C'était un samedi ordinaire, mais mon père — de façon plutôt inhabituelle — devait se rendre au travail pour une affaire urgente. Ne sachant probablement pas quoi faire de moi —

ma mère devait sans doute être au travail, cela lui arrivait de temps en temps — il m'a emmenée. L'on m'a donné une feuille, des crayons et demandé de rester bien sagement assise à une grande table. L'idée m'est venue d'écrire l'histoire de ma vie (je ne connaissais pas encore le mot « autobiographie »). J'ai écrit une ligne par âge, en terminant par cette phrase mémorable « 8 ans : Et là j'ai compris ce qu'était la vie ». Pour une raison que j'ignorais à l'époque, mes parents ont trouvé cela très drôle. Ils ont gardé ce document en lieu sûr et je l'ai retrouvé parmi leurs papiers, ainsi que les osselets avec lesquels je jouais à cette même époque, après leur mort.

Est-ce là une preuve que j'allais devenir écrivaine pour la majeure partie de ma vie ? Qui sait ? Non, je n'ai pas écrit un roman à l'âge de douze ans. Mais aussi loin que je m'en souvienne, j'ai toujours aimé l'écriture. J'aimais le défi de savoir comment commencer, comment trouver le mot juste selon le contexte et, sans doute le plus important, comment élaguer mes pensées si besoin. Le rythme d'une phrase est important pour moi, que ce soit en la lisant ou en l'écrivant. Je ne lis jamais un texte que j'ai écrit sans le modifier d'une manière ou d'une autre. J'adore l'édition, que je compare à la taille des mauvaises herbes — un jardin peut soudainement avoir une forme et être beau lorsque les mauvaises herbes ont disparu, il en va de même pour un texte.

On pourrait penser que j'aurais voulu être écrivaine dès le départ — romancière, par exemple. Mais j'ai eu le sentiment qu'une telle profession exigeait beaucoup plus d'expérience de la vie. De plus, ce n'était pas considéré comme un « vrai » métier, ce que j'ai très tôt voulu avoir. Et surtout, cela n'aurait pas permis à mon mari d'obtenir son doctorat. Je me suis donc tournée vers d'autres activités.

Pendant des années, je ne me suis pas identifiée comme écrivaine en tant que telle, bien que j'aie beaucoup écrit dans le cadre de mon travail comme chercheuse sociale. J'ai rédigé de nombreux rapports, articles et, oui, même des livres à propos de mes recherches. J'aimais écrire, les autres semblaient apprécier ce que je produisais et cela a continué année après année. Assez tôt, j'ai choisi de travailler en *free-lance*, j'entreprenais donc n'importe quel service que l'on me demandait. (J'avais l'habitude de dire, « Comme la plus vieille profession du monde, je vends mon temps ».) On me demandait d'écrire un tas de choses — des propositions de recherche, des rapports de commissions d'enquête ou du ministère — ainsi que d'éditer des documents.

À un moment, quelqu'un que je n'avais jamais rencontré m'a demandé ce que je faisais dans la vie, et j'ai répondu que j'étais écrivaine. Cela m'a semblé étrange, mais juste. Même après ma retraite, j'ai continué à faire bénévolement ce que je faisais auparavant contre rémunération, parce que c'était ce que j'aimais faire.

Bien sûr, j'étais payée pour mes écrits lorsqu'il s'agissait d'une commande, mais une fois — juste une — mes compétences en matière d'écriture m'ont apporté des avantages incomparables. Je travaillais à mon bureau lorsque j'ai reçu un courriel m'invitant à gagner un week-end de luxe à Paris pour deux personnes. Tout ce que j'avais à faire était d'écrire pourquoi j'aimais Eurostar Frequent Traveller (un peu comme Air Miles) en maximum vingt-cinq mots. L'idée m'a séduite et j'ai passé les dix minutes suivantes à écrire une chansonnette, bien que le nom n'ait rien de poétique. Mais j'ai rencontré un problème : il y avait vingt-neuf mots et les gens prennent parfois ces détails au sérieux. J'ai donc passé encore dix minutes ou plus à essayer de la réduire, puis j'ai décidé que le jeu n'en valait pas la chandelle et qu'il fallait que je me remette au travail. Sans enthousiasme, j'ai envoyé mon piètre texte de vingt-cinq mots et je l'ai sorti de ma tête.

Pourtant, un mois plus tard, un second courriel m'est parvenu m'annonçant que j'avais gagné. Cela m'a pris quelques minutes pour me rappeler de quoi il s'agissait: j'avais totalement oublié l'exercice. Mais j'avais bien gagné. Le moment venu, j'ai reçu deux billets aller-retour en première classe pour Paris, un bon pour deux nuits pour deux personnes à l'hôtel Crillon (la dernière fois que j'y étais allée, il y avait une foule d'adolescents parce que Michael Jackson y séjournait), un bon pour un repas pour deux au Cinq (trois étoiles Michelin, le summum) à l'hôtel Georges Cinq — et un bon pour deux pour un survol d'une heure de Paris en hélicoptère. Plus d'autres bons pour ne pas avoir à dépenser trop d'argent en repas. Lorsque nous avons fait le total de la valeur estimée, cela a donné quelque chose comme deux mil cinq cents livres sterling. Je n'ai jamais été payée cent livres sterling par mot, ni avant ni après.

Les gens me demandent parfois si je recommanderais l'écriture comme activité pour les personnes âgées. Ma réponse est la suivante : pourquoi pas ? Si quelqu'un en a l'envie, s'il sent qu'il a un livre en lui et qu'il veut essayer. Certains peuvent trouver une toute nouvelle carrière en écrivant les histoires qu'ils racontent à leurs enfants ou des expériences difficiles de leur vie. Mais si quelqu'un recherche la célébrité ou un revenu facile, ce n'est alors certainement pas une bonne idée. Il est possible de devenir riche et célèbre en tant qu'écrivain, mais c'est extrêmement improbable. En revanche, c'est un excellent moyen de se mettre au défi et de faire quelque chose d'authentiquement créatif.

Beaucoup de choses restent les mêmes, les bonnes choses

Le jour où je déciderai d'arrêter sera un bien triste jour.

S'allonger

Cela arrive assez souvent ces derniers jours. Mon mari veut réfléchir à un sujet ou annoncer une nouvelle et, au lieu de le faire directement, il dit : « Allons nous allonger pour parler. » Nous allons dans la chambre, enlevons nos chaussures, nous nous allongeons et nous commençons à discuter. Cela peut durer cinq minutes, vingt minutes, parfois plus. Nous pouvons passer à d'autres sujets. C'est relaxant, intime et cela facilite l'échange. C'est incroyablement réparateur.

En général, toute discussion sur les joies du lit fait référence à l'une des deux choses suivantes : les plaisirs d'une bonne nuit de sommeil ou le sexe. Je crois beaucoup à ces deux aspects, mais ce n'est pas le sujet ici. Au contraire, s'allonger ensemble est une merveilleuse façon de se donner le temps de discuter de tout et de rien. C'est le moment de passer en revue des idées, de réfléchir à des projets pour l'avenir ou simplement d'explorer les émotions par rapport à la vie en général. Bien que cela puisse déboucher sur une prise de décisions, je ne pense pas que cela doive être l'objectif. Au contraire, c'est le moment de laisser son esprit vagabonder sur n'importe quel sujet, y compris la relation.

Évidemment, il m'arrive de m'allonger seule, pour me reposer et recharger mes batteries. Cela arrivait parfois lorsque j'étais jeune, mais c'est devenu nécessaire avec l'âge. Certains de mes amis font pareil, surtout les plus vieux. D'autres font la sieste — que ce soit tous les jours ou de temps en temps. Je suis peu enthousiaste à l'idée de faire une vraie sieste, parce qu'alors j'ai du mal à trouver le sommeil la nuit. J'envie ceux qui y arrivent sans problème. Mais il y a tout de même un grand avantage à se reposer. Je peux écouter la radio ou des livres audio (j'ai une liste de programmes enregistrés sur mon iPod pour l'occasion). Ou juste m'allonger et laisser mes pensées vagabonder. C'est une activité très relaxante.

En revanche, s'allonger avec quelqu'un d'autre est une activité très intime, même sans contact physique. Le fait d'être allongé sur un lit semble vous faire baisser votre garde, ce qui vous permet de parler plus facilement. Parfois, le fait que l'on ne puisse pas se voir rend la situation moins intimidante que si l'on était assis à une table ou au salon. Il n'est pas surprenant que ce soit la position choisie par certains psychothérapeutes.

Il est intéressant de noter que le fait de s'allonger ensemble peut également être un moment d'intimité avec d'autres membres de la famille. L'un de mes petits-fils, qui passe environ une nuit par semaine chez nous, adore grimper dans le lit de son grand-père le matin. Il y a longtemps, ce dernier avait accepté de dormir dans la chambre d'amis voisine pour dissiper toute inquiétude pendant la nuit. Ce moment matinal est devenu l'un des nombreux rituels au cours desquels ils parlent de tout et de rien, et il vient à manquer si, pour une raison ou pour une autre (se lever trop tard et ne pas avoir le temps avant de partir à l'école), il n'a pas lieu.

Dans mon livre sur les grands-mères, une Indienne décrivait également ses discussions avec ses petits-enfants comme étant des moments spéciaux, touchants.

« Vous ne pouvez acheter ce bonheur nulle part », disait-elle.

Manger dehors

Avant, c'était si simple. Nous décidions soudainement « allons manger dehors » et nous allions systématiquement au même endroit. Certes, il fallait faire un petit trajet en métro, mais c'était un réel plaisir d'arriver sur place. L'endroit n'était pas des plus chics, mais la nourriture était composée de tapas de toutes sortes magnifiquement cuisinés, apportés à table directement depuis la cuisine. Comme nous y mangions souvent, nous avions appris à connaître les personnes qui y travaillaient et pouvions plaisanter avec eux à propos de tout et de rien. Finalement, il y a quelques années environs, ils nous ont annoncé la triste nouvelle de leur fermeture. Nous n'avons jamais retrouvé un tel établissement. Et puis le confinement est venu tout chambouler.

Durant toute ma vie d'adulte, j'ai toujours aimé manger à l'extérieur. En dehors du fait que je sois moyennement bonne cuisinière, il y a tellement à dire à ce sujet. Tout d'abord, c'est une façon tellement agréable de créer une « occasion ». Nous mettons des vêtements un peu plus élégants, voire bien plus élégants pour certains restaurants, et nous nous sentons déjà dans une situation qui sort de l'ordinaire. Nous nous faisons servir, bien sûr, et avons le plaisir de choisir ce qui nous fait envie. Nous pouvons rester assis à discuter aussi longtemps qu'on le souhaite, tout en nous faisant servir de la nourriture et des boissons si besoin. Et si c'est un restaurant avec une belle vue, c'est encore mieux.

Cela nous donne également l'opportunité de manger des plats que nous ne mangeons pas tous les jours, voire parfois de découvrir des plats que je pourrais faire à la maison. Si un plat me plait, je demande au chef comment le préparer. J'aime aussi la façon dont certains restaurants rendent les plats particulièrement attrayants. Nous essayons de le faire à la maison, mais avec beaucoup moins d'élégance — pas de tourbillon dans la soupe ou de persil éparpillé avec art.

Parfois, il s'agit simplement de présenter la nourriture dans un ordre particulier. Un jour, nous avions un dîner d'anniversaire dans un hôtel cossu, avec une belle salle ornée de boiseries. À la fin du repas, après un délicieux dessert, le serveur nous a amené un grand panier de cerises noires — juste ce qu'il faut pour une digestion apaisée après un repas copieux. Chaque fois que je mange des cerises, je pense à ce moment.

J'ai des souvenirs marquants de certains repas, souvent pris à l'extérieur quelque part sur le continent. Un hôtel sans prétention dans la région basque de l'Espagne, à qui nous avions demandé s'ils pouvaient nous concocter quelque chose de simple le soir (parce que nous ne voulions pas aller ailleurs), nous a servi un plat de crevettes et de légumes aux herbes et je ne sais plus quoi d'autre, magnifiquement présenté. Le restaurant en Auvergne qui proposait un menu végétarien en sept services, l'établissement avait perdu une étoile Michelin, mais nous avions un vieux guide et ne le savions pas. Le plateau de fruits de mer servi à la terrasse d'un hôtel dans les Alpes, pas loin de Chamonix, qui en plus d'être délicieux était également accompagné d'une petite avalanche au loin, à portée de vue. Je pourrais continuer longtemps.

Mais il y a des choses que je n'aime pas du tout dans les restaurants. Je n'aime pas les courbettes des serveurs dans les établissements élégants, qui demandent sans cesse : « Avez-vous apprécié votre repas ? ». Je n'aime pas que l'on me pose la serviette sur les genoux quand je m'assois. Je n'aime pas qu'un serveur me verse du vin ou de l'eau chaque fois que je bois une gorgée. D'ailleurs, l'un des tests que nous faisons pour savoir s'il s'agit d'un bon restaurant est de voir si le serveur s'abstiendra de le faire dès lors que nous lui aurons fait comprendre que nous préférons servir nos boissons nous-mêmes.

Manger dehors devrait être un plaisir autant pour ceux qui en profitent que pour ceux qui en font profiter. Même si l'on ne rencontre pas le chef, la personne qui apporte la nourriture devrait en être enthousiaste et vous accueillir avec chaleur, sans être obséquieuse. Ils devraient vous faire sentir qu'ils ne souhaitent rien d'autre que votre plaisir. Ces restaurants sont difficiles à trouver, mais ce sont ceux où l'on revient toujours.

Malheureusement, avec le covid, nous ne sommes pas sortis manger une seule fois. La plupart du temps à l'époque les restaurants étaient fermés, mais même lorsqu'ils étaient ouverts il y avait cette impression de danger à être entouré d'autres personnes. Je ne souhaitais pas être servie par quelqu'un portant un masque. Cela a tout changé.

C'est l'un des plaisirs de la vie que nous attendons avec impatience.

Bavarder

C'est la fin de la matinée et le téléphone sonne. Je regarde le téléphone — les jeunes ignorent qu'avant, on ne savait pas qui appelait jusqu'à ce qu'ils nous le disent ou que l'on reconnaisse la voix — et je me dis « oh super, c'est ma fille, nous allons pouvoir bavarder ». Nous nous parlons souvent et c'est un bon moyen de se détendre, mais aussi de rester en contact. Elle me raconte comment se passe son travail, ce que fait son fils ou ce qu'elle a prévu pour le week-end. Il s'agit rarement de choses très importantes, même si cela peut arriver, mais c'est une façon agréable de passer le temps en compagnie de quelqu'un que l'on aime. Et de se tenir au courant de ce qui se passe au quotidien dans leur vie.

J'ai toujours aimé bavarder. Avec mon mari, je bavarde dès le matin des problèmes de la nuit, je bavarde à midi des événements de la matinée et je bavarde le soir du reste de la journée. Il y a toujours quelque chose à raconter : une petite perturbation dans le supermarché local, des nouvelles de nos enfants, des problèmes avec l'ordinateur, les personnages du livre que je suis en train de lire, un programme vu à la télévision… la liste est longue.

Bien sûr, je bavarde aussi avec des amis et des voisins. D'ailleurs, la place de ces derniers dans notre vie est intéressante, car ils se situent à la frontière entre les personnes que l'on connaît bien et celles que l'on ne connaît pas du tout. Au fil du temps, j'ai appris à connaître un certain nombre de voisins, simplement par le biais de discussions informelles, lors de rencontres fortuites. Nous pouvons maintenant avoir de longues discussions sur l'état du monde ou la scolarité de nos petits-enfants. Ces discussions peuvent être si passionnantes que mon mari commence à s'inquiéter de ce qui m'est arrivé alors que j'étais juste sortie pour acheter du lait. Elles enrichissent la journée.

Le bavardage semble être une chose anodine, on pourrait se demander comment il est possible d'écrire à ce sujet. Pourtant, arrêtez-vous pour réfléchir à leur importance. Que ce soit avec un conjoint, d'autres membres de la famille, des amis ou des voisins, il est le ciment qui unit les gens. C'est en parlant de sujets quotidiens et banals que nous nous sentons appartenir à l'autre. Curieusement, c'est probablement l'une des choses les plus intimes que nous fassions, en dehors de ce qui semble évident.

Et cela peut avoir lieu n'importe où. Au téléphone ou en personne. L'on peut même bavarder en ligne grâce à Zoom ou Skype, mais ce n'est pas très satisfaisant. On peut aussi bavarder à table, allongé sur un canapé ou, surtout, au lit. Les discussions matinales, avant même de se lever, sont une excellente façon de commencer la journée.

Cela n'a rien à voir avec le *small talk,* ces discussions sans importance que nous avons lors de soirées avec des gens que l'on n'avait jamais rencontrés auparavant et que l'on ne reverra jamais, surtout après le manque d'engagement créé par ce bavardage. Les Britanniques peuvent parler sans fin du temps qu'il fait. Pas moi. Ma bête noire absolue est la façon dont nous sommes arrivés: « Oh vous avez pris la M11 pour aller à Cambridge ? Je sais que c'est le plus court, mais il peut y avoir tellement de trafic, et je déteste rester dans les bouchons, alors j'ai pris l'A1 qui est facile... » et je m'endors. Ou, pire, je m'ennuie.

Le fait de passer des moments en apparence anodins avec des amis proches et des membres de la famille nous permet de nous tenir au courant de leur vie, de ce à quoi ils pensent, de ce qui les enthousiasme ou les préoccupe. Et de leur parler de nous. Cela peut aussi déboucher sur d'autres choses. Même un bref moment passé à bavarder avec un voisin par-dessus la haie du jardin peut déboucher sur une tasse de thé, la découverte d'intérêts communs et, finalement, la possibilité de s'entraider d'une manière ou d'une autre et de finalement devenir des amis proches.

Bien entendu, nous avons des conversations beaucoup plus importantes avec les personnes dont nous sommes proches. Vous pouvez les qualifier de bavardages, mais je ne le ferai pas ici. Au cours de ces discussions, nous passons rapidement de questions importantes à d'autres qui le sont moins et vice-versa. Cela fait partie du plaisir d'une telle activité.

Dans certains milieux, le concept du bavardage est méprisé, car souvent associé au mot « incessant ». Il est souvent considéré comme synonyme de « commérage », « babillage »… et nous connaissons tous des personnes qui ont tendance à parler sans arrêt jusqu'à ce que nous ayons envie de crier. Mais il est faux, à mon sens, de confondre le bavardage et le commérage. Le premier consiste avant tout à créer une connexion avec d'autres personnes. Et le contraire du bavardage, c'est de n'avoir personne à qui parler ou, en un mot, la solitude. Une amie devenue récemment veuve m'a dit que ce qui lui manquait le plus, c'était le bavardage quotidien sur des sujets sans grande importance.

Pendant des années, la solitude a été considérée comme une chose honteuse et peu de gens étaient prêts à l'admettre. Aujourd'hui, elle sort peu à peu du placard et devient un problème à prendre au sérieux. Les médias s'y intéressent de plus en plus et des efforts sont déployés pour la surmonter. Puissent-ils prospérer.

Il vaut mieux bavarder avec quelqu'un.

Bénévolat

C'était une belle journée de printemps. Le soleil entrait par la fenêtre de l'hospice. Un jeune homme atteint du sida m'avait demandé si je pouvais m'asseoir un instant avec lui. Il aimait l'opéra et avait un lecteur CD dans sa chambre. Il a mis le célèbre duo des *Pêcheurs de perles* et nous sommes restés assis, chacun dans ses pensées, à écouter l'aria. C'était l'une de ces occasions spéciales qui ne se représentent jamais deux fois.

Je faisais du bénévolat dans cet hospice depuis plusieurs années et j'aimais les moments inattendus que cela apportait. Pourtant, la première fois que je suis entrée dans un hospice, ce n'était pas sans appréhension, inquiète des choses horribles que j'allais rencontrer. J'ai été complètement déconcertée de ne trouver qu'un incroyable sentiment de tranquillité. Cela m'a attirée, j'ai voulu faire partie de cet endroit. À tel point que j'ai postulé peu après auprès d'un hospice local, j'y ai passé un bref entretien et voilà. Pas de vérification des antécédents, pas de formation, je me suis jetée à l'eau. C'était il y a près de trente ans. Ce serait différent aujourd'hui.

Je passais environ quatre heures à l'hospice tous les samedis après-midi. L'établissement ne comptait que seize lits et était presque toujours plein. Les gens étaient admis bien plus tôt qu'ils ne le seraient aujourd'hui. Tous étaient mourants, mais certains vivaient encore pendant des mois. Mon travail consistait à parler aux patients, en particulier à ceux qui n'avaient pas de visite, à leur faire du thé et à discuter du menu du lendemain. Cela m'a semblé intimidant au début, mais je suis rapidement devenue une experte dans l'art d'engager de petites conversations appropriées. Les visites se passaient généralement bien.

Mais de temps en temps, j'étais confrontée à une situation difficile, souvent drôle à l'époque. Une semaine, durant la période de la maladie de la vache folle, il y avait du bœuf au menu. En Angleterre, les gens étaient devenus réticents à manger du bœuf, même si l'on disait qu'il fallait vingt ans pour que la viande infectée ait un impact. Mais oui, un patient a étudié le menu et a demandé : « Pensez-vous qu'il y ait un risque à manger le bœuf ? » J'ai répondu que je pensais que ça irait, en essayant de ne pas sourire. Comme j'ai un visage très expressif, cela n'a pas été facile.

Plus difficile, un père qui avait fait le voyage depuis le sud de la France pour voir son fils mourant du sida. Il ne savait manifestement pas que son fils était homosexuel ni qu'il était malade, c'était donc beaucoup pour lui. J'ai eu énormément de peine, il était si loin de chez lui et sans connaissance de la langue anglaise. J'avais dit à une infirmière que je parlais un peu le français, mais je ne m'attendais pas à être confrontée à un fort accent provençal, réputé difficile à comprendre. Il a commencé à s'épancher. J'ai compris exactement ce qui se passait, mais j'ai eu du mal à obtenir des détails. J'ai décidé de répondre quand je le pouvais, mais sinon, de répéter d'un air aussi sympathique que possible, en hochant la tête, « c'est très difficile ». Je n'ai jamais oublié la douleur de cet homme. Ni mon combat.

J'ai travaillé à l'hospice pendant quatre ans. J'aimais avoir le sentiment indescriptible d'aider les gens à un moment important de leur vie. J'ai dû arrêter parce que mon mari et moi avions décidé de voyager beaucoup et que je ne pouvais plus garantir d'être là chaque semaine. J'ai trouvé l'expérience si intéressante que, bien plus tard, j'ai écrit un livre basé sur des entretiens avec des infirmières d'hospices, des médecins et bien d'autres personnes qui parlent des joies et des défis de ce travail ainsi que de son impact sur leur vie.

Pour moi, il était important d'être présente durant ce moment très intime.

Un regard sur nos ancêtres

Lorsque mon fils était tout petit (cinq ou six ans), il a entendu parler du concept de l'infini et, comme beaucoup d'enfants, il en était fasciné. Il a également commencé à comprendre qu'il y avait des générations au sein des familles, certaines venant avant, comme ses grands-parents, et d'autres après. Il a été sensibilisé très tard à ce concept particulier parce que nous avions très peu de parents qu'il n'avait jamais vus.

Un matin, il a fait le rapprochement entre les deux. « Tu sais, maman, a-t-il dit, les gens qui nous ont précédés n'étaient pas l'infini, mais les gens qui nous suivent sont l'infini ». Son anglais n'était pas à la hauteur de l'expression de sa pensée, mais sa pensée elle-même était en effet très profonde.

Il y a quelque chose dans le fait de se retrouver dans la soixantaine ou plus qui nous fait tourner la tête vers le passé en général et vers nos ancêtres en particulier. Je n'ai aucune idée de la raison pour laquelle cela se produit avec autant de force à ce moment-là. Peut-être qu'avec l'âge, notre perception du temps fait que les décennies qui ont précédé notre naissance nous paraissent moins lointaines et que nos ancêtres nous semblent donc plus réels et plus présents. Quoi qu'il en soit, il semble qu'ils soient très nombreux, même s'ils ne sont pas infinis.

Certaines personnes prennent la généalogie très au sérieux, s'inscrivant sur toutes sortes de sites web et consultant des recensements très anciens. Il s'agit là d'un excellent passe-temps, qui peut occuper les gens pendant des années. Mais certains d'entre nous découvrent leurs ancêtres par des moyens un peu plus accidentels, voire paresseux. Nous pouvons bénéficier du travail acharné d'un autre membre de la famille. Ces dernières années, j'ai découvert qu'un nombre surprenant de mes aïeux s'intéressaient à la rédaction de mémoires. Des documents de différentes époques et même de différentes langues sont donc apparus dans la famille. Pour ajouter au plaisir, ces documents ne sont pas toujours cohérents dans leur description d'un même événement. La vérité, comme le confirmerait tout historien, est difficile à connaître. Mais il est amusant d'essayer.

Je me demande parfois ce que les gens espèrent découvrir. Quelqu'un de célèbre ? Un lien avec la royauté ? Un meurtrier ? Mes parents étaient très respectables, on peut donc s'attendre à ce que mes ancêtres le soient aussi. Et nombre d'entre eux l'étaient. Le problème, c'est que ces personnes sont inévitablement les moins intéressantes à lire. Ils avaient un travail honnête, ont eu un certain nombre d'enfants et sont morts. Mais heureusement, j'ai trouvé des parents aux qualités plus douteuses. Un ancêtre assez éloigné était un explorateur des mers du Sud à la fin du XIXe siècle, qui, en parallèle, vendait apparemment du tabac. Lorsqu'il est tombé sur un groupe d'insulaires qui ne savaient pas quoi faire de ce produit, il leur a appris comment fumer, ce qui a permis de créer une demande pour ses retours réguliers. Je ne devrais pas être fière de cet homme, mais je dois bien admettre que j'admire son ingéniosité. Et il ignorait qu'il y avait un lien avec le cancer, après tout.

Un parent beaucoup plus proche (mon arrière-grand-père) a participé dans sa jeunesse à des opérations d'import-export à la frontière entre le Mexique et les États-Unis au tournant du XXe siècle. Ce n'était pas un territoire respectable et il semblerait que la déclaration de l'argent à la frontière ait fait l'objet de jugements mesurés. Comme le produit des taxes à l'importation finissait dans les poches de ceux qui les percevaient, on peut dire que la question morale n'était pas claire. Quoi qu'il en soit, c'est devenu un homme très riche. Et, comme l'histoire le montre souvent, cet argent a été totalement dépensé par son fils, mon grand-père, dans une série de mauvais placements. Il s'est retrouvé vendeur à domicile dans les années 1920 et 1930, avec un sentiment de honte permanent.

Une fois que nous nous sommes penchés sur nos ancêtres, nous devons nous demander ce que nous allons faire de ces informations. Cela nous aide-t-il à mieux nous comprendre ? Je n'en suis pas si sûre. Mais j'ai fini par me sentir clairement partie d'une chaîne inexorable.

Nonobstant le changement climatique ou d'autres catastrophes, une chaîne infinie.

Quand cessons-nous d'avoir des rapports sexuels ?

Partout, les gens sont fascinés par le sexe. Je ne suis pas la première à le dire. Nous nous demandons ce que font les autres, quand ils le font et ce que cela signifie pour eux. Certains se demandent même combien de temps cela dure. De toutes les histoires que je raconte sur ma famille, celle qui retient immédiatement l'attention est celle de mon père.

Mes parents vivaient dans un appartement indépendant dans une communauté de retraités en Pennsylvanie. Ils y ont emménagé alors qu'ils avaient tous deux environ quatre-vingts ans et sont décédés dix ans plus tard, à trois mois d'intervalle, il y a vingt ans environ. Cinq ans après avoir emménagé, ma mère a développé une démence vasculaire. C'est, bien sûr, la pire crainte de toute personne mariée. Le mari ou la femme n'est plus ce qu'il ou elle était, mais vous êtes toujours mariés. Et il est de plus en plus difficile de faire face aux exigences physiques.

Ma mère est restée dans l'appartement familial pendant plus d'un an, avec une aide-soignante engagée pour l'assister dans ses besoins quotidiens. Mais mon père a fini par ne plus pouvoir gérer la situation et il a été convenu qu'elle irait vivre dans la section d'aide à la vie autonome de la communauté. On s'occupait d'elle et mon père pouvait passer la voir plusieurs fois par jour. Il se plaignait rarement, du moins auprès de moi. C'était simplement quelque chose qui s'était produit.

Entre-temps, sa vue avait beaucoup baissé et il perdait l'un de ses plus grands plaisirs : la lecture. Il écoutait beaucoup de livres audio (et se plaignait qu'il n'était pas facile de retrouver l'endroit où l'on s'était endormi.) Il avait une amie, une femme un peu plus jeune, qui venait lui faire la lecture. Cela lui faisait terriblement plaisir et il en parlait — ainsi que d'elle — assez fréquemment lors de nos appels téléphoniques réguliers.

J'aurais dû m'en douter. Lorsqu'un homme commence à mentionner une femme (ou vice versa) assez souvent, cela tend à signifier qu'il s'agit de quelque chose de plus que de l'amitié. Mais je n'y ai pas pensé. Ma fille, très perspicace, a suggéré que c'était une possibilité et je me suis dit que c'était peu probable. Non pas parce que cette idée me dérangeait, mais ils me semblaient tout simplement trop vieux.

Je lui ai rendu visite à l'occasion de son quatre-vingt-dixième anniversaire, alors que nous organisions une fête pour lui. Peu après mon arrivée, il s'est assis et a clairement voulu me dire quelque chose. Il n'avait jamais cherché à avoir de discussion intime, mais cette fois-ci, c'était différent. Il a mentionné le nom de la femme, que je n'avais pas encore rencontrée, et m'a dit qu'il voulait que je sache qu'ils étaient devenus « complices ». Je me souviens avoir trouvé le mot bizarre.

Il a été très clair. Il voulait que je sache qu'il ne s'agissait « pas simplement de baisers et de câlins », que c'était la totale. D'ailleurs, il m'a dit que son médecin pensait que c'était excellent pour sa santé. Il n'a pas parlé d'amour, mais cela ne semblait pas important. L'essentiel était qu'il soit heureux. Et il l'était. Il avait alors quatre-vingt-dix ans et elle quatre-vingt-trois.

J'ai été surprise, mais ravie. Quelle que soit mon opinion sur la fidélité dans le mariage, cela ne s'applique pas lorsque l'un des partenaires n'est plus réellement là. J'ai été très claire à ce sujet et j'ai vu que cela le soulageait. Il voulait que je le sache, mais il avait peur de ma réaction. Il a dit que sa pire crainte était qu'un autre résident le dise à ma mère, mais cela ne semblait pas s'être produit. Il a continué à lui rendre visite comme avant.

Ils n'ont jamais emménagé ensemble, bien qu'ils aient probablement chacun séjourné dans l'appartement de l'autre lorsque je n'étais pas là. Je n'ai pas demandé de détails. La femme a continué à être régulièrement présente dans la vie de mon père jusqu'à sa mort. En effet, la nuit de son décès, elle s'est rendue à l'hôpital et est restée longtemps assise près de son corps.

Lorsque j'avais la vingtaine, je pensais naïvement que le sexe était réservé aux jeunes. Il ne m'était tout simplement pas venu à l'esprit que les personnes de plus de quarante ans continuaient à avoir des rapports. Cela n'avait rien à voir avec la conception, mais simplement avec l'idée que seuls les jeunes avaient de l'appétit — ou de l'intérêt — pour les relations sexuelles. Avec l'âge, nous en apprenons davantage, sur ce point comme sur tout le reste. Les recherches sont évidemment beaucoup plus nombreuses aujourd'hui. Les enquêtes vous renseigneront sur l'ampleur de l'activité sexuelle à différents âges. Mais peu d'entre elles concernent des personnes de plus de septante ans. Et nous sommes souvent réticents à aborder le sujet avec les personnes que nous connaissons.

Alors, quand cessons-nous de faire l'amour ? Je ne sais pas vraiment. Je ne pense pas qu'il y ait une réponse précise. En tout cas, dans la communauté des retraités, il était courant que des couples se forment assez rapidement après le décès d'un partenaire. Mais je sais ce qu'il en est de mon père. Et lorsque je

Beaucoup de choses restent les mêmes, les bonnes choses

raconte cette histoire, je n'ai jamais entendu d'autre réaction que
« quelle belle histoire » ou « alors, il y a de l'espoir ».

Et je suis sûre qu'il serait ravi que le monde entier le sache.

MOMENTS DE VIE

Une amitié inattendue

1991

Je constate que beaucoup de gens ont un ami proche qui détonne du reste. Quelqu'un qui ne cadre pas avec les autres aspects de leur vie et personne, d'un point de vue extérieur, n'arrive à comprendre comment ils peuvent être amis. Ces amitiés peuvent être particulièrement significatives et parfois surprenantes. Souvent, elles ont commencé à l'école, où les personnalités de chacun ne sont pas encore formées et pour qui les trajectoires de vie ultérieures diffèrent.

Mon amitié inattendue concerne un jeune homme à qui il ne restait plus beaucoup de temps à vivre. Je l'ai rencontré dans le cadre de mon travail, alors que j'avais près de cinquante ans et lui un peu moins de trente. Il était allemand, moi américaine, nous vivions tous les deux à Londres, bien que nous nous soyons rencontrés pour la première fois lors d'une conférence en Belgique. Plus important encore, il était homosexuel et moi j'étais mariée avec deux enfants. Il avait grandi dans la pauvreté, dans une ville minière d'Allemagne, et avait commencé à travailler comme infirmier lorsqu'il avait quitté l'école à seize ans, car la seule véritable alternative était de devenir mineur. Je venais d'une famille d'intellectuels de New York et j'avais trois diplômes.

Il vivait avec le sida depuis cinq ans, et je ne connaissais rien à la maladie. Il était en effet très actif au sein de la communauté

VIH/SIDA, considéré comme un leader. Je préférais rester seule et je n'ai jamais mené personne nulle part.

Que voyions-nous l'un dans l'autre ? J'ai vu un homme très brillant, sensible, mais tourmenté, qui aimait réfléchir à des questions plus profondes. Je suppose qu'il voyait aussi en moi certaines de ces qualités, bien que je ne lui aie jamais demandé. Nos tempéraments étaient en quelque sorte similaires. Il aimait aussi se remettre en question, lui-même et son entourage, et je trouvais cette qualité très inspirante (et d'une certaine manière, intime). J'ai également appris que sa mère était morte lorsqu'il avait dix-huit mois et qu'il affirmait l'avoir cherchée (d'une manière non spécifiée) toute sa vie. Il était ami avec un certain nombre de femmes plus âgées, dont je faisais partie. Nous étions totalement étrangères les unes aux autres.

Nous nous rencontrions assez régulièrement, le plus souvent pour déjeuner, bien qu'il soit venu chez moi à plusieurs reprises. Lors d'un de ces déjeuners, nous avons commencé à planifier ce qui allait devenir un livre commun basé sur des entretiens avec des personnes atteintes du sida et du VIH, réalisés lors d'une conférence internationale qu'il organisait. Comme c'est le cas aujourd'hui avec le covid, le monde était inondé de statistiques concernant le nombre de personnes diagnostiquées, mais je n'avais pas connaissance de nombreuses histoires personnelles. Je savais que ces histoires pouvaient avoir un impact plus important sur les gens que les statistiques. Cela a renforcé notre amitié et a constitué pour moi une étape importante dans la création de livres basés sur des interviews.

Mais je voudrais parler de notre déjeuner le plus poignant. Vers la fin de sa vie, il faisait des allers-retours à l'hôpital pour diverses affections et je lui rendais visite. Un jour, il m'a dit en plaisantant, du moins c'est ce que je pensais, « déjeunons ensemble la semaine prochaine ». J'ai répondu « bien sûr », en souriant. Mais il était sérieux. Il me l'a dit.

La semaine suivante, je me suis rendue à l'hôpital, où je l'ai trouvé très fragile et sous perfusion, mais en tenue de ville. Il m'a semblé impossible de l'emmener à l'extérieur, mais il m'a dit qu'il en avait discuté avec le personnel. Nous avons bavardé un peu, puis, en tant qu'infirmier de formation, il a débranché lui-même sa perfusion et a dit, en souriant : « allons-y ».

C'était une belle journée d'octobre, ensoleillée et fraîche. Il y avait un bon restaurant à proximité et nous nous y sommes rendus très lentement. Il était incroyablement enthousiaste quant à la beauté de la journée, me transmettant ce sentiment de vie ordinaire qui ne peut venir que d'une personne confinée depuis longtemps dans un lit d'hôpital. Certaines personnes l'ont dévisagé — il était couvert de lésions dues au sarcome de Kaposi — mais il a continué dignement.

Nous avons commandé un déjeuner et parlé de toutes sortes de choses sans grande importance. Je me souviens qu'il s'est exclamé devant la présentation des plats — et qu'il en a mangé beaucoup, alors même que son appétit était limité. Je m'émerveillais simplement que nous soyons là. Lorsque nous avons eu terminé, nous avons marché lentement, et un peu tristement, jusqu'à l'hôpital, où il est monté sur son lit et a remis sa perfusion en place.

Il est mort environ deux mois plus tard. Je suis restée longtemps avec lui le jour de sa mort, mais je suis rentrée chez moi et j'ai été remplacée par une autre de ses amies au moment de son décès. Quelques mois plus tard, une autre amie plus âgée et moi-même avons dispersé ses cendres dans la mer à l'extérieur de Brighton, comme il l'avait souhaité.

Nous avons regardé les œillets qu'elle avait achetés s'envoler lentement, nous avons rapidement pris un thé et nous sommes rentrées chez nous, pleines de pensées inavouées.

Je n'oublierai jamais ces deux journées.

Nichons

1997

De nos jours, il est de plus en plus nécessaire de donner un « avertissement » aux lecteurs vulnérables qui ne se doutent de rien. Le voici donc, peut-être un peu de travers. Je dois avertir les lecteurs qui espèrent prudemment trouver un peu d'excitation dans mon titre que les nichons en question ne sont pas les miens. Ni ceux de l'une de mes amies. Ils font partie d'un tableau de Picasso.

Mon mari et moi avons visité le musée Picasso à Paris à plusieurs reprises au fil des ans. Cette fois-là, c'était à la fin des années 1990, par l'une de ces froides, mais belles journées de mars où le printemps se profile à l'horizon.

Nous faisions tranquillement le tour du bâtiment, lorsque nous avons remarqué un groupe important d'Américains d'un certain âge, principalement des femmes, qui se faisaient expliquer les peintures par un jeune Français. Elles étaient bien habillées et très sérieuses, comme les Américaines ont tendance à l'être. Le guide était manifestement intéressant et enthousiaste, mais son anglais était quelque peu limité. J'ai commencé à écouter, comme cela nous arrive à tous, principalement dans l'espoir d'apprendre quelque chose sur les peintures, bien qu'il y ait inévitablement une certaine curiosité générale. À un moment donné, j'ai entendu le guide hésiter, pointant du doigt ce qui était manifestement des seins féminins étrangement placés sur un tableau, en disant : « Comment appelez-vous cela — des 'nichons' ? »

J'ai regardé l'assemblée au visage plutôt fermé autour de moi, me demandant si, comme moi, ils réprimaient une envie de sourire, mais je n'en voyais pas l'ombre d'un signe. Ils fixaient le tableau, écoutant ses explications avec le sérieux qui s'impose. Le guide a continué son exposé et nous sommes passés dans une autre salle.

L'histoire aurait pu s'arrêter là, mais j'ai un désir irrépressible de me rendre utile chaque fois que l'occasion se présente. Et l'occasion ne se serait peut-être jamais présentée si je ne l'avais pas remarqué, une fois la galerie terminée alors que nous profitions du soleil dans la cour, fumer tranquillement à proximité. Je me suis demandé si je devais dire quelque chose, mais mon moi serviable n'a pas pu résister.

« Pardon[9] », ai-je dit poliment, avant de lui expliquer dans un français moyen que je n'avais pas pu m'empêcher d'entendre la

---

[9] En français dans le texte

difficulté qu'il avait éprouvé face à ce tableau représentant la poitrine d'une femme. Peut-être aimerait-il savoir que « sein » est un terme plus formel et que « nichon » a d'autres connotations. Il n'était pas du tout gêné, il a clairement compris ce que j'essayais de dire et m'a remerciée pour mon aide. En effet, il semblait sincèrement désireux d'apprendre, ne serait-ce que pour conserver son emploi de guide à la galerie.

Mais cela ne s'est pas arrêté là. L'une des membres du groupe qu'il accompagnait m'a vue lui parler et est venue s'interposer. Elle m'a immédiatement réprimandée pour avoir dit quelque chose, soulignant que je n'avais pas payé pour ses services et que je n'avais donc pas le droit de corriger son anglais. Le guide et moi sommes restés silencieux tels des enfants coupables, mais avec un petit sourire. Elle s'en est allée, fière et satisfaite.

Depuis, il m'est difficile de voir des peintures de Picasso sans avoir en tête cet écho — nichons.

Appel longue distance vers l'unité de soins intensifs

2000

Mon père a toujours joui d'une très bonne santé. Il avait l'habitude de dire qu'il n'avait été physiquement malade que quatre fois dans sa vie — une fois à la naissance de chacun de ses trois enfants (comme un travail sympathique par procuration) et la quatrième fois lorsque Eisenhower a remporté les élections en 1952. En tout cas, je ne me souviens pas l'avoir jamais vu malade au lit.

Lorsqu'il était âgé, nous étions devenus très proches, même s'il vivait en Pennsylvanie et moi à Londres. Nous nous téléphonions presque tous les jours. La seule crise de santé majeure s'est produite au milieu des années 1980. Ses reins avaient cessé de fonctionner et il semblait qu'il aurait besoin d'une dialyse régulière. Il avait une grande peur de l'incapacité et menaçait de refuser le traitement. Pour la première fois, ma mère m'a téléphoné pour me demander de venir, car elle pensait que je pourrais le convaincre d'accepter le traitement. J'avais l'impression d'avoir une grande responsabilité, mais je me sentais confiante, j'allais y arriver.

Ce fut un voyage mémorable, car j'étais en fait en vacances à Istanbul lorsqu'elle m'a appelée. En l'espace de deux jours, j'ai été transportée du centre de cette ville antique à mon propre domicile à Londres, puis dans un environnement hospitalier de haute technologie aux États-Unis. Mais lorsque je suis arrivée, les reins de mon père avaient recommencé à fonctionner et la crise était passée. Il avait déjà accepté la pose d'un cathéter dans son bras pour la dialyse. Mon voyage s'est avéré inutile et j'ai passé mon temps à bavarder avec lui et à l'écouter se plaindre fréquemment du cathéter.

Mais en l'an 2000, il avait quatre-vingt-dix ans. Je savais qu'il ne vivrait pas éternellement et je voyais son énergie diminuer. Très occasionnellement, il parlait de la mort, s'inquiétant particulièrement de ce qui se passerait s'il mourait avant ma mère, atteinte de démence vasculaire. Je lui rendais visite tous les six mois environ et j'avais prévu une visite pour le début du mois d'octobre.

En septembre, on lui a diagnostiqué un cancer de la vessie et il devait subir une chimiothérapie. Il m'a dit qu'il ne voulait vraiment pas d'un tel traitement à son âge (qui pourrait l'en blâmer ?), mais qu'il avait accepté à contrecœur. En l'occurrence, la chimiothérapie a été reportée en raison d'une infection thoracique et ses médecins se sont montrés suffisamment inquiets pour qu'il soit transféré à l'hôpital local. Mon frère m'a téléphoné pour me dire qu'il n'était pas certain de ce qui allait se passer, mais que cela ne s'annonçait pas bien.

J'ai décidé qu'il fallait que je lui rende visite immédiatement, juste au cas où ce serait la fin, mais j'ai aussi décidé — je ne me souviens plus pourquoi — de téléphoner à l'hôpital pour l'avertir de ma venue. J'ai pu joindre un jeune médecin qui m'a dit que mon père se trouvait dans l'unité de soins intensifs. J'ai demandé s'il était possible de lui parler. Le médecin, très compatissant, m'a répondu qu'il n'y avait pas de téléphone dans la chambre où il se trouvait, mais qu'il allait en installer un.

C'est ainsi que j'ai eu ce qui s'est avéré être notre toute dernière conversation, bien que je l'ignorais à l'époque, en téléphonant dans sa chambre aux soins intensifs. Mon père m'a dit qu'il ne savait pas ce qui se passait, mais que si je voulais le voir vivant, je devais venir rapidement. J'ai répondu par l'affirmative. Nous avons discuté brièvement de choses et d'autres. Je me souviens qu'il s'est aussi plaint de quelque chose d'insignifiant, peut-être de l'inconfort du lit.

Nous n'étions pas une famille très démonstrative — il n'y avait pas de « je t'aime » décontracté à la fin de chaque appel téléphonique. Mais j'ai soudain eu envie de lui dire que je l'aimais beaucoup. Ce que j'ai fait. Et il m'a répondu la même chose. Je lui ai dit que je le verrais le lendemain. C'était, en quelque sorte, une bonne conversation.

J'ai pris l'avion pour Philadelphie et j'ai été accueillie à l'aéroport par la personne qui s'occupait de lui, une femme que j'admirais beaucoup. Elle l'adorait manifestement elle aussi et se trouvait dans un état de détresse. Lorsque nous sommes arrivés sur le parking de l'aéroport, un ensemble de bâtiments tous identiques, elle n'arrivait pas à trouver la voiture. Je la voyais chercher partout, très anxieuse, s'excusant régulièrement. Au bout d'une heure, elle a fini par trouver la voiture et nous nous sommes rendues à l'hôpital.

À notre arrivée, nous avons appris que mon père était décédé dans l'heure qui avait précédé. On m'a emmenée auprès de lui — c'est la seule fois que j'ai vu un cadavre — et il avait l'air étrange, avec toute sa vie qui lui avait été enlevée. J'ai embrassé son front et me suis assise avec lui un moment, mais j'étais épuisée par le voyage et soucieuse de permettre à son aide-soignante de rentrer chez elle. Elle m'a raccompagnée à son appartement et j'ai téléphoné à la maison pour annoncer la nouvelle.

Pourquoi est-il mort ? L'infirmière a répondu qu'ils l'ignoraient. Il était arrivé avec une infection, ils s'inquiétaient pour ses reins, puis il a commencé à avoir une crise cardiaque et ils ont fait ce qu'ils pouvaient. Je savais qu'il avait toujours dit qu'il ne voulait pas de « mesures héroïques ». Mais qu'importaient les raisons de sa mort ? Avec le recul, je me suis demandé s'il ne l'avait pas provoquée lui-même, par un mécanisme encore incompris, afin d'éviter la chimiothérapie.

Tout s'est passé si vite. Mais une fois que j'ai repris mes esprits, j'ai voulu remercier ce jeune médecin — dont je n'ai jamais su le nom — qui avait installé le téléphone dans l'unité de soins intensifs. Cela avait été un moment privilégié durant la fin.

Je n'ai jamais pu le remercier.

Chapitre 4 : BEAUCOUP DE CHOSES RESTENT LES MÊMES, LES MOINS BONNES CHOSES

Introduction

Le fait qu'une grande partie de ce que nous aimons faire tout au long de notre vie se poursuive jusqu'à un âge avancé est l'aspect positif. Mais de la même manière, toutes les choses les plus ennuyeuses nous suivent également dans nos dernières années. Quels que soient les nouveaux fardeaux que nous acquérons en vieillissant, nous ne nous débarrassons généralement pas de ceux qui nous étaient déjà familiers. C'est simplement le revers de la médaille.

À nouveau, je parle ici de certaines choses qui m'agacent, y compris des aspects de ma propre personnalité, des tâches quotidiennes et de quelques curieux désagréments. Comme toujours, j'aurais pu en choisir beaucoup d'autres. D'autres qualités personnelles que je ne peux contrôler. D'autres personnes avec toutes sortes d'habitudes agaçantes allant de la plainte perpétuelle à la manière qu'elles ont de hurler dans leur téléphone. L'idée est de montrer à quel point notre vie ne change pas. Votre liste peut être différente.

À nouveau, c'était le cas avant, ça l'est toujours maintenant.

Beaucoup de choses restent les memês, les moins bonnes choses

L'inquiétude

J'ai été inquiète toute ma vie. C'est le cas de certains d'entre nous. Il y a tant de raisons de s'inquiéter. Commençons par l'état du monde. À l'heure où j'écris ces lignes, le coronavirus, plus connu sous le nom de Covid-19, est en tête de liste. Tout le monde s'en préoccupe. Mais avant cela, il y a eu le réchauffement climatique. L'Afghanistan. Isis. La Corée. La politique sous toutes ses formes, quelle que soit votre appartenance. La liste est longue. Nous nous demandons si le monde que nous laisserons à nos petits-enfants est aussi bien que celui dont nous avons hérité. Et nous nous demandons aussi ce que nous pouvons faire de plus à ce sujet.

Et puis il y a notre famille. Les enfants sont depuis longtemps une source d'inquiétude, lorsqu'ils sont petits et, surtout, adolescents. À cette époque, nous nous préoccupions d'une chose ou d'une autre les concernant dès le réveil. Mais cela continue lorsqu'ils sont adultes. En effet, s'ils sont mariés ou s'ils ont un partenaire, les personnes dont il faut se soucier doublent. Chacun a-t-il le bon travail ? Ou, d'ailleurs, le bon partenaire ? Est-ce que tout le monde se débrouille bien au quotidien, par exemple pour faire réparer cette voiture potentiellement dangereuse, ou sont-ils trop obsédés par les réseaux sociaux ?

Les personnes dont les enfants adultes ont de graves problèmes, comme le fait d'élever seul un enfant, une tendance à la dépression ou un manque de travail, ont encore plus de soucis à se faire. J'ai eu de la chance à cet égard, mais il m'est arrivé, lorsque l'un de mes enfants adultes avait un problème de santé ou un gros souci professionnel, de ne pas dormir en pensant à lui. On aimerait qu'il y ait un moyen d'arranger les choses, comme le sparadrap que l'on mettait sur leur genou lorsqu'ils étaient enfants. Un vieux proverbe chinois dit que les mères sont aussi heureuses que leur enfant le moins heureux. Ce proverbe résonne beaucoup en moi.

Mais l'inquiétude concerne également les petits-enfants. Recevront-ils suffisamment d'attention de la part de leurs parents ou, peut-être, trop ? Leur école leur donne-t-elle l'éducation dont ils ont besoin ? Ont-ils assez d'amis ? Tous les soucis que nous avons connus lorsque nos enfants étaient petits ressurgissent.

Et c'est sans doute pour moi-même que je m'inquiète le plus. Rien de bien grave, mais ai-je dit ce qu'il fallait à cette femme lors de la manifestation la semaine dernière ? Ai-je pensé à rendre service à un ami malade comme je l'avais promis ? La personne qui m'a dit qu'elle aimait ma nouvelle coupe de cheveux — ou pire, mon dernier livre — était-elle simplement gentille ? Sans parler de toutes les choses stupides dont nous nous préoccupons inévitablement, telles que : ai-je pensé à éteindre le gaz avant de partir ? Ou ai-je laissé une fenêtre ouverte à la vue d'un cambrioleur ?

Que pouvons-nous faire face à tous ces soucis ? Toute ma vie, on m'a dit que je m'inquiétais trop, que je devais me détendre. Ces reproches m'agacent au plus haut point. Tout d'abord, cela ne changera rien. L'inquiétude fait partie de moi. Me demander de ne pas m'inquiéter, c'est me dire que je devrais être une personne différente. À un moment donné, j'ai compris que si l'inquiétude fait partie de moi, je dois simplement l'accepter et vivre avec. J'aimerais que mes amis fassent de même. Deuxièmement, qu'est-ce qu'une inquiétude « excessive » ? Oui, si vous vous rendez malade à cause de vos soucis ou si vous vous tournez vers la

Beaucoup de choses restent les memês, les moins bonnes choses
boisson, c'est une chose. Mais s'inquiéter trop, c'est aussi accorder
l'attention nécessaire pour que les choses aillent bien. Cela peut
être une bonne chose.

Est-ce que j'aimerais être moins inquiète ? Oui, la vie serait plus
simple. Mais cela ne changera jamais. C'est l'une des choses qui
m'ont accompagnée de l'enfance à l'âge adulte et maintenant à la
vieillesse.

Heureusement, j'ai un mari qui ne s'inquiète presque jamais. Il dit
que cela ne sert à rien si l'on ne peut rien y faire. Comme cela
couvre la plupart des éventualités, c'est un homme très détendu.
Parfois, il se réfère à l'espion dans *Le Pont des Espions*, joué par
Mark Rylance, à qui l'on demande constamment s'il s'inquiète
d'une situation grave ou d'une autre.

Il répond toujours : « Ça aiderait ? »

Le problème épineux de la belle-famille

C'était ma dernière année à l'université et mon futur mari anglais
était venu passer quelques jours chez nous. Ma mère, bien que
n'étant pas très enthousiaste à l'idée de cette relation, a décidé
qu'elle devait tout de même essayer de lui faire sentir qu'il était le
bienvenu. Sa solution a été de lui acheter une bouteille de Guinness
(là où se rejoignent l'Angleterre et l'Irlande) et de la mettre dans le
réfrigérateur, là où les Américains conservent toujours la bière[10].
Comme il était jeune et qu'il ne voulait pas déplaire à sa future

---

[10] La Guinness est une bière qui se boit normalement à température ambiante.
ndlt

belle-mère, le pauvre homme a bu la bière, alors même qu'il ne l'aimait pas, et froide encore moins. Il est possible qu'une partie de la bière se soit écoulée discrètement dans l'évier lorsqu'elle ne regardait pas. Le fait qu'il la boive prouvait, bien sûr, qu'il aimait ça. Elle en avait donc toujours à disposition lorsque nous allions chez eux. Il a fallu quelques années pour remédier à cette situation.

Cette histoire — ou toute histoire équivalente — se joue partout dans le monde et, sans doute, à travers le temps. Elle est due à une chose très étrange qui se produit lorsque nous nous marions, lorsque nos frères et sœurs se marient ou, en fait, lorsque nos enfants se marient, à savoir que nous avons désormais des beaux-parents. Cela peut même arriver sans mariage. Nous avons soudain beaucoup de nouvelles personnes dans notre famille, que nous n'avons pas choisies, mais que nous sommes censés aimer ou, au moins, avec lesquelles nous devons nous entendre. Et puis, il y a leurs parents, leurs frères et sœurs, leurs conjoints et ainsi de suite.

Je suis assez ouverte d'esprit, mais je ne suis pas de celles qui aiment tout le monde simplement parce qu'un membre de leur famille les a épousés. J'ai besoin d'apprendre à les connaître et d'évaluer chaque relation pour ce qu'elle est. Il en a toujours été ainsi et il en sera toujours ainsi. Les vieilles blagues sur les belles-mères n'existent pas pour rien. C'est avant tout parce que nous sommes censées les aimer — ou du moins les supporter. Pire encore, elles font soudain partie de cette famille élargie que nous sommes susceptibles de voir à l'occasion de journées spéciales comme Noël, qui sont sans doute des moments où nous avons justement envie de nous détendre.

Bien sûr, certaines personnes ont la chance d'avoir des beaux-parents à la personnalité agréable, aux intérêts compatibles et au

Beaucoup de choses restent les memês, les moins bonnes choses cœur chaleureux. Ils apprécient la compagnie des uns et des autres et se réunissent fréquemment. En fait, ils sont vraiment heureux que le mariage ou la mise en couple de quelqu'un les ait fait entrer dans leur vie. Ce sont eux les vrais gagnants dans les méandres de la vie. Lorsque j'ai interviewé des grands-mères pour mon livre sur le sujet, une femme m'a dit qu'elle et son mari partaient chaque année en vacances avec leur famille élargie de vingt-et-une personnes — quatre enfants, leurs conjoints et de nombreux petits-enfants. J'en ai eu le souffle coupé.

Mais le plus souvent, nous apprenons à nous débrouiller. Nous déterminons ce qu'ils mangent lorsqu'ils viennent dîner, les sujets de conversation à éviter et, surtout, les centres d'intérêt que nous avons en commun. Dans certains cas, un véritable sentiment chaleureux se développe au fil du temps ; dans d'autres, il subsistera toujours un triste éléphant dans la pièce. Parfois, nous nous emmêlons les pinceaux, comme l'a fait ma mère avec sa Guinness soigneusement rafraîchie.

La belle-famille devient particulièrement importante lorsqu'arrivent des petits-enfants. Si nous voulons les voir, le beau-fils ou la belle-fille est là également. Ils font partie du lot. Bien sûr, un bébé peut cimenter les relations. L'amour partagé de ce nouvel être peut masquer de nombreuses fissures. Et une parentalité impressionnante peut également aider, même si, au contraire, une éducation plus bancale peut être un sujet de dispute. Mes entretiens avec les grands-mères m'ont beaucoup appris sur les nombreuses façons dont les bébés peuvent affecter les liens intergénérationnels, y compris en les brisant complètement.

Je ne suis pas une spécialiste de la famille et je n'ai pas d'idées nouvelles à apporter à ce sujet. Je veux simplement reconnaître que les nouveaux liens familiaux constituent l'une des principales sources de difficultés permanentes pour de nombreuses personnes. Et si nous pouvons nous plaindre d'une belle-sœur exigeante ou d'un gendre fatigant, nous devrions veiller à réfléchir à la manière dont nous sommes nous-mêmes perçus. C'est peut-être précisément vers nous que sont dirigées les émotions familiales les moins positives. En d'autres termes, je peux moi aussi être l'irritante belle-mère de quelqu'un.

Je connais même les candidats.

Prendre soin des malades

Certaines personnes sont des aidants naturels. Elles semblent savoir exactement ce dont une personne malade ou handicapée a besoin et sont prêtes à le lui fournir. Je ne fais pas partie de ces personnes. Lorsque l'on a fait appel à moi, j'ai fait de mon mieux au fil des ans, par exemple lorsque mes propres enfants étaient malades, mais je ne pense pas que mon mieux soit vraiment très bon.

J'ai une patience très limitée et je n'arrive pas à être totalement empathique. J'essaie de me mettre à leur place et d'imaginer ce que je voudrais, mais je n'y parviens pas. Malheureusement, c'est ennuyeux pour tout le monde. Peut-être est-ce simplement parce que les membres de ma famille sont à la fois différents de moi et difficiles à satisfaire.

J'ai pris conscience de l'existence des aidants familiaux lorsque j'étais relativement jeune, parce que la tante préférée de mon mari

Beaucoup de choses restent les memês, les moins bonnes choses en était une. Elle s'était retrouvée dans le rôle traditionnel (en Angleterre) de la fille cadette qui ne s'est jamais mariée, mais qui est restée à la maison pour s'occuper de sa mère de plus en plus fragile. Elle n'a été déchargée de ses responsabilités qu'à la mort de sa mère, alors qu'elle avait déjà une quarantaine d'années et qu'elle était plutôt usée.

(Dans son cas, de manière peut-être inhabituelle, elle s'est épanouie peu de temps après. Elle a épousé un veuf âgé très sympathique et a commencé à remplacer ses visites régulières à l'église par des visites tout aussi régulières au pub. Ils ont déménagé dans une nouvelle maison et elle a eu une vie agréable pendant de nombreuses années jusqu'à ce qu'il soit victime d'un accident vasculaire cérébral et qu'elle redevienne aidante).

J'ai également beaucoup appris sur les aidants lorsque j'ai été chargée par un groupe d'organisations de préparer une « charte des aidants » dans les années 1980. J'ai découvert toutes les façons dont le rôle d'aidant peut être physiquement et émotionnellement épuisant. Sans parler du fait qu'une fois qu'une personne a accepté ce rôle, les autres ont tendance à se tenir à l'écart, car elles considèrent que le « problème » est résolu. En effet, comme dans le cas de la tante de mon mari, le rôle d'aidant peut prendre le dessus sur la vie d'une personne.

Peut-être suis-je plus douée pour être ce que j'appelais autrefois une « semi-soignante », c'est-à-dire m'occuper à distance des besoins pratiques d'une personne. Jusqu'à ce que cela m'arrive, je n'avais jamais pensé aux nombreuses personnes qui sont souvent prises dans la spirale de la maladie et du handicap. Cette prise de conscience s'est produite lorsque ma belle-fille s'est vue diagnostiquer un cancer peu de temps après la naissance de son petit garçon. (Je m'empresse de dire qu'elle va bien maintenant.)

Bien sûr, mon fils a dû assumer toutes sortes de responsabilités que l'on n'attend normalement pas d'un jeune mari et d'un jeune père. Mais il en a été de même pour de nombreux autres membres de la famille. Mon mari et moi sommes devenus des baby-sitters très actifs et des aides générales. Nous avons préparé notre maison avec tous les accessoires nécessaires à la naissance d'un bébé — le lit, la chaise haute, les vêtements, les couches, etc.

C'était fatigant et cela influençait toutes sortes de décisions, comme celle de voyager loin de chez soi. Nous n'étions pas très souvent sollicités, mais nous ne savions jamais quand cela se produirait. Quels que soient nos projets pour la journée, un appel téléphonique pouvait arriver à tout moment pour nous demander de venir immédiatement. J'avais l'impression que ma propre vie était légèrement « mise en attente ». Lorsque j'ai parlé de cette situation à mon médecin, il m'a immédiatement répondu : « Oui, le cancer touche toute la famille, c'est bien connu ».

Avec le recul, il n'était pas difficile de fournir l'aide que nous avons apportée et le fait d'avoir à aider un petit bébé est une sorte de bénédiction. Oui, cela a créé de nouvelles pressions, mais cela a aussi apporté le plaisir de s'occuper à nouveau d'un bébé. Et cela nous a rapprochés de ce petit-enfant, ce qui a perduré au fil des ans.

Mais pour en revenir au présent, toute personne vivant avec une personne âgée peut raisonnablement supposer qu'on aura besoin d'elle à cet égard, que ce soit temporairement ou à long terme.

Beaucoup de choses restent les memês, les moins bonnes choses

Ce n'est pas quelque chose que j'attends avec impatience.

Rechnerschmerz

Ne venez pas me rendre visite lorsque mon ordinateur est en panne. Il se peut que je vous crie dessus ou que je ne dise rien du tout. Je perds tout sens des proportions et j'ai du mal à réfléchir. Je pourrais tout aussi bien être malade. Un ordinateur qui ne fonctionne pas est une source de frustration insoutenable, qu'il s'agisse de la connexion wi-fi ou de la machine en elle-même.

Je pense depuis longtemps qu'il devrait y avoir un mot pour décrire cette situation. C'est comme une sorte de maladie — ou peut-être une maladie mentale. On devient irritable, on n'arrive pas à se calmer et on ne pense à rien d'autre. On n'est vraiment pas agréable à fréquenter. Cela a quelque chose à voir avec la perte de connexion avec le reste du monde ou, plus fort encore, avec la perte d'autonomie. On a envie de crier.

C'est très différent avec les autres appareils. Cela peut-être ennuyeux, mais ce n'est pas la même chose. Nous avons connu un certain nombre d'incidents de ce type au cours des dernières années et ils confirment ce point de vue. Notre lave-vaisselle s'est mis à fonctionner tout seul, les chiffres sur la porte s'éteignant et se rallumant comme les lumières d'un sapin de Noël. Mais nous avons fait appel à un technicien et tout est rentré dans l'ordre. Notre chaudière s'est emballée pendant un jour ou deux, mais là encore un technicien l'a remise en état. Même notre téléphone a commencé à émettre des bips fréquents, mais comme rien ne fonctionnait, j'ai pris la balle au bond et j'ai acheté un tout nouveau téléphone.

L'ordinateur, c'est différent. Vous avez l'impression qu'il essaie de vous montrer qui est le patron, notamment via l'autocorrection qui décide du mot que vous vouliez écrire. J'ai récemment ouvert mon ordinateur pour constater que tous les documents Excel étaient vides. Toutes les données avaient disparu, des statistiques importantes au décompte de ce que je dois à ma voisine pour les courses. L'ordinateur a ensuite décidé que l'imprimante, qui ne m'avait jamais causé de problème, devait cesser d'exister. Je ne pouvais plus rien imprimer. Craignant d'aller au-devant d'ennuis importants, j'ai décidé de directement faire une sauvegarde, tâche que j'avais ignorée depuis trop longtemps. Mais le lecteur de disque externe n'apparaissait nulle part alors qu'il était branché. Je ne pouvais que m'inquiéter.

Heureusement, il existe un excellent service de conseil technique par téléphone pour cette marque d'ordinateur avec lequel je me suis familiarisée. Je pense être bientôt capable de réciter le numéro par cœur. Chaque résolution de problème semble toujours prendre au moins une heure, mais ils sont réglés l'un après l'autre. Même les données perdues sont mystérieusement restaurées.

Bien sûr, ce ne sont que des problèmes informatiques mineurs. Le pire, sans aucun doute, c'est lorsqu'il tombe complètement en panne. Je n'ai nulle part où écrire mes pensées (mon écriture est illisible, même pour moi), je n'ai pas accès à Google pour chercher des informations (y compris un numéro d'assistance), je n'ai pas d'e-mails entrants ou sortants. Comme tout le monde, je me sens complètement perdue lorsque cela se produit.

Beaucoup de choses restent les memês, les moins bonnes choses

Après ma récente série de problèmes d'ordinateur, j'ai décidé qu'il était temps de trouver un mot pour désigner cette maladie. J'ai écrit à mon fils, aujourd'hui professeur d'université. Il a toujours été habile avec les mots et domine plusieurs langues. Je lui ai suggéré de combiner le mot qui aurait signifié « ordinateur » en grec ancien, s'il existait, avec un mot approprié pour désigner la douleur émotionnelle ou le chagrin.

Il m'a répondu que le mot « *hypologistes* » en grec moderne signifie « un compteur » et que « *algia* » est la terminaison habituelle pour la douleur, comme la myalgie. Le mot pourrait donc être « *hypologistalgia* ». Mais il a suggéré qu'il serait préférable d'utiliser le mot allemand « *rechnerschmerz* ». « *Rechner* » signifie « ordinateur » (bien que les Allemands modernes aient tendance à utiliser le mot anglais « *computer* »), et « *schmerz* » signifie « la douleur », y compris émotionnelle (comme dans « *weltschmerz* »).

Rechnerschmerz, cela sonnait juste. La sonorité d'un mot allemand a parfois le don de ressembler à son sens. Je sais maintenant de quoi je souffre.

Et tous ceux qui souffrent sans doute de la même chose le savent aussi.

Abandonner l'exercice

Il y a quelques années, l'un de mes petits-fils, alors âgé de six ans, m'a vraiment surprise. Il m'a demandé innocemment : « Mamie, peux-tu me rendre un service ? ». J'ai supposé qu'il voulait une deuxième glace et j'ai répondu « bien sûr ». Comme d'habitude.

« Mamie », a-t-il continué, « toi et papi vous pourriez essayer vraiment, vraiment, vraiment fort de rester en bonne santé ? Parce que je veux que mes enfants connaissent leurs arrière-grands-parents ». Ça pour une surprise ! J'ai promis d'essayer. Que pouvais-je répondre d'autre ?

Je mange sainement et équilibré, selon les critères classiques, mais l'exercice est un peu plus difficile. Nous savons tous que c'est important pour notre santé, mais combien de fois faisons-nous réellement quelque chose ? J'ai l'impression que c'est tellement difficile. Une fois de temps en temps, c'est bien, mais le faire régulièrement, c'est différent. Les excuses ne manquent pas : une mauvaise nuit de sommeil, quelqu'un qui vient dîner, un manque d'énergie, etc. Plus on vieillit, plus c'est difficile. Croyez-moi, je sais ce que c'est !

Et pourtant, nous savons tous que nous devrions bouger pour nous maintenir en forme. On ne cesse de nous le répéter. Évidemment, nous savons probablement tous ce que nous pourrions faire si seulement nous nous levions de notre canapé. Mais comment trouver la motivation ?

Tout d'abord, il faut trouver une activité que l'on aime vraiment. Dans mon cas, cela a été difficile, car je n'ai jamais aimé faire aucun sport de toute ma vie. Et je n'étais bonne à aucun d'entre eux — j'étais d'ailleurs celle que personne ne voulait dans son équipe au cours d'éducation physique. J'ai commencé à éviter les sports dans la mesure du possible. Il n'est pas surprenant que cela se soit poursuivi à l'âge adulte.

Beaucoup de choses restent les memês, les moins bonnes choses
C'est plus facile s'il y a une activité que l'on a toujours aimé faire.
Le tennis ? La course à pied ? Ou la marche, tout simplement.
J'aimais la danse, mais il est difficile de la pratiquer seule et cela n'a
jamais intéressé mon mari. Vers la quarantaine, j'ai découvert que
la natation était une activité que je pouvais tolérer. Et plus tard
encore, j'ai découvert le yoga, dont j'ai parlé plus haut.

Ensuite, il est utile de réfléchir aux bénéfices que l'on peut tirer de
cette activité. Certaines personnes vont régulièrement nager avec
un ami et, même si elles n'aiment pas nager, elles peuvent avoir
une chouette conversation après. J'apprécie certainement la
camaraderie dans mon cours de yoga. Je n'ai jamais oublié le jour
où une copine, au milieu d'un étirement particulièrement ardu
(oserai-je dire douloureux ?), s'est tournée vers moi et m'a dit avec
un sourire gêné : « C'est drôle de penser que nous payons pour
faire ça ! ».

En effet, nous nous mettons souvent à faire de l'exercice pour
perdre un peu de poids ou améliorer notre tonus. Mon médecin
m'a recommandé dix minutes de marche rapide par jour pour
réduire ma tension artérielle, mais j'ai commencé à perdre du
poids. Cela m'a incitée à continuer.

Il faut également que ce soit pratique. On dit que seule une petite
partie des personnes qui s'inscrivent dans une salle de sport s'y
rendent réellement. Il peut être difficile de l'intégrer dans la
routine quotidienne. Mes séances de natation sont devenues
beaucoup plus rares lorsque la piscine à laquelle j'allais a fermé et
qu'il me fallait faire davantage de kilomètres si je voulais continuer.
Curieusement, lorsque nous étions tous confinés à cause du
coronavirus, je faisais plus d'exercice, j'avais décidé de monter et

descendre mes escaliers une fois par jour. Ce n'était pas très compliqué.

Enfin, nous avons tous besoin d'un coup de pouce supplémentaire. Mon mari a trouvé un moyen très original de s'obliger à faire de l'exercice : il m'a reproché de ne pas l'avoir harcelé alors qu'il ne faisait rien. Je peux maintenant le harceler en toute impunité et il est heureux. Lorsque nous étions confinés, j'ai trouvé un moyen de nous aider tous les deux : j'ai posé mon tapis de yoga (qu'il utilise aussi) sur le sol au milieu de notre chambre.

Il nous réprimande lorsque nous passons devant.

Le shopping

Je suis dans un supermarché, immobile devant un rayon rempli de céréales pour le petit-déjeuner. Je ne peux pas bouger. Je réfléchis au bon choix. Je devrais peut-être essayer celle avec les petits morceaux de fruits, mais non, ne ferais-je pas mieux de prendre quelque chose à base de son ? Je devrais vérifier qu'il n'y a pas trop de sucre caché. Ou de sel. Oh là là, celles-ci sont trop chères à cause du cadeau pour enfant qu'elles contiennent. Cela prend du temps. Je n'arrive pas à me décider. Pointez un fusil, dites-moi ce que je dois choisir et je serai bien plus heureuse.

Pour moi, la « cure de shopping » est une contradiction dans les termes. J'ai toujours détesté le shopping. Je me demande parfois si je n'ai pas eu une mauvaise expérience par le passé et si une bonne dose de thérapie par aversion (ou de conversion ?) ne pourrait pas

Beaucoup de choses restent les memês, les moins bonnes choses me faire changer d'avis. J'en doute. Il y a très peu de choses dans le shopping que je pourrais apprendre à aimer.

Tout d'abord, je déteste vraiment avoir trop de choix. Oui, nous, les consommateurs, sommes censés aimer le choix et les marques de céréales ont fait un excellent travail en ce sens. Elles ne sont pas les seules. Partout où l'on va, il est nécessaire de prendre de bonnes décisions sur les ingrédients, le style d'un t-shirt ou la couleur d'un petit tapis. Et pour certains articles, comme les meubles de maison, il faut que la couleur et la taille soient parfaites, sinon cela ne sert à rien. Mon cerveau n'est pas à la hauteur. Il juge nécessaire d'envisager toutes les possibilités. Je suis comme un cerf hypnotisé par les phares d'une voiture.

Ensuite, je suis très mal à l'aise dans la foule. J'essaie de trouver des moments où il y a peu de monde, mais c'est difficile. De nombreux magasins sont calmes le matin, mais s'il faut emprunter les transports publics pour s'y rendre, le problème est le même. Je ne ferai jamais d'achats pendant les soldes de Noël — les gens qui se battent pour passer devant afin d'acquérir cet objet spécialement mis en vente, c'est l'enfer pour moi.

Je ne supporte pas non plus devoir me déplacer d'un magasin à l'autre pour trouver ce qu'il me faut. Je trouve cela incroyablement décourageant. En dehors des courses alimentaires quotidiennes, je n'ai jamais trouvé un seul magasin — même un grand – qui vendait exactement ce que je voulais dans tous les rayons. Le jeu consiste à faire les courses à toute vitesse.

Enfin, je ne suis pas très exigeante. Je n'aime pas trop les « choses ». Bien sûr, j'ai besoin d'acheter de la nourriture et d'autres articles, mais c'est plus une corvée qu'un plaisir. Une nouvelle robe me fait rarement envie. Pas plus que trouver le bon vase ou la bonne nappe. Je pourrais faire une exception pour un nouveau livre que j'ai hâte de commencer, mais il n'y a pas beaucoup d'exceptions de ce genre.

Comme on peut s'y attendre, je suis bien plus heureuse avec la vente par correspondance. C'est tellement facile à notre époque. J'ai appris à connaître, au fil du temps, quelles entreprises vendent des pantalons qui me vont vraiment et quels catalogues ont des photos plus ou moins fidèles. Certaines entreprises ont un personnel très serviable, qui discute de détails tels que le « toucher » d'un vêtement. Je m'en réjouis. C'est un peu embêtant de devoir renvoyer des articles, mais les emballages sont de plus en plus adaptés à cet effet. Et au moins, la file d'attente au bureau de poste n'est pas beaucoup plus longue que celle que l'on aurait si on avait acheté l'article en magasin.

Faire les courses est comme un test auquel j'échoue à chaque fois. Soit je reviens sans rien et tout le monde me demande : « Quoi ? Tu n'as rien trouvé qui te plaise ? » Soit je reviens avec quelque chose et on me dit : « Quoi ? C'est ça que tu as choisi ? »

Je suis sûre que je détesterai le shopping jusqu'à la fin.

Les photos de bébé

Cela s'est passé encore très récemment. Une amie, nouvellement grand-mère, me parlait de sa merveilleuse petite-fille qui venait de naitre. Le bébé n'avait que deux semaines et il n'y avait pas grand-chose à en dire, mais dans ce genre de situation, les conversations

Beaucoup de choses restent les memês, les moins bonnes choses se poursuivent un certain temps. Et puis, moment décisif, mon amie a sorti son téléphone de son sac à main et m'a montré des photos. Tout ce que je pouvais voir, c'était une couverture, un bras enveloppant et un peu de chair rosâtre là où devait se trouver la tête du bébé. Hormis l'appartenance ethnique, cela aurait pu être n'importe quel bébé, ou presque.

De toute ma vie, je n'ai jamais fait partie de ces femmes qui s'intéressent facilement aux photos des autres. Si on remonte assez loin dans le temps, il y avait les photos des petits amis de nos amies, de leurs animaux de compagnie ou de leur petite sœur. Je me disais toujours : oui, je les vois, mais que puis-je en dire ? Ils sont assez beaux, mais je n'arrive jamais à trouver les mots justes. Cela donne l'impression d'être « froide ». Mais ce n'est pas l'intention.

Cela empire avec l'âge, évidemment, car on nous montre alors des photos du mariage ou de la bague (si c'est à distance) ou, inévitablement, du mari. Je n'ai jamais eu grand-chose à dire à ce sujet non plus. Je ne suis tout simplement pas douée pour ce genre de chose. Mais au moins, à l'époque, les photos étaient limitées — il fallait les prendre, les développer, les récupérer à la boutique ou chez le développeur. Elles semblaient nombreuses, mais comment aurions-nous pu prévoir le tsunami de photos qui allait arriver ?

En vieillissant, nous ne recevons plus autant de photos de nouveaux maris ou d'alliances, mais oui, nos amies deviennent, l'une après l'autre, grands-mères. Et les grands-mères sont probablement les pires lorsqu'il s'agit de photos de bébé. Bien sûr, c'est une période excitante, d'amour, de chaleur — et elles sont impatientes de partager cela avec leurs amis. Et quel meilleur moyen que les photos du nouveau-né ? C'est si simple. Le bébé est né à 14 h 10 ? Vous pouvez avoir la photo à 14 h 15, voire avant.

Je ne suis pas plus douée pour m'extasier devant des photos de petits-enfants qui viennent de naître que devant des photos d'enfants qui viennent de naître. Un vrai bébé vivant — oui, à chaque fois. Vous pouvez les tenir, les câliner, les sentir. Mais les photos, ce n'est pas pour moi. En fait, sur les photos de bébés, il est souvent difficile de voir autre chose qu'un minuscule visage, les yeux fermés, à peine visible sous les couvertures et les bras qui l'entourent.

Cela devient plus facile lorsque les bébés gagnent quelques mois, parce qu'on peut alors commenter ce à quoi il ou elle ressemble. « Oh, elle a les yeux de son papa » peut être une réponse sincère. On peut également parler de ce que fait le bébé, du temps de sommeil des parents et de la fréquence à laquelle l'autre grand-mère les voit. Plus bébé est âgé, mieux c'est.

Je me suis demandé comment il pouvait y avoir une telle disparité entre les sentiments de ceux qui montrent des images et ceux qui les regardent (ou, du moins, de certains d'entre nous). Que se passe-t-il ? C'est évident quand on y réfléchit. Les femmes qui montrent la photo de leur petit-enfant — même le visage caché sous une couverture — imprègnent cette photo de tout l'amour qu'elles ressentent. Elles ne voient pas un bébé à peine visible — elles voient le bébé qu'elles ont tenu dans leur bras et pour lequel elles ressentent tant d'amour.

Le spectateur, en revanche, ne ressent pas la même chose, même s'il est heureux pour la grand-mère. Il sait ce que son amie ressent,

Beaucoup de choses restent les memês, les moins bonnes choses mais ne partage pas les mêmes sentiments à partir d'une photo. On peut même aller plus loin. Le problème peut également se poser avec les photos d'un nouvel amour dans la vie d'une amie, un homme qu'elle a rencontré récemment par exemple. On peut lui souhaiter tout le bonheur du monde, mais on ne peut pas ressentir toute cette émotion de la même manière.

Je préfère les bébés en chair et en os.

La pression des cadeaux

J'ai toujours ressenti une certaine pression liée aux cadeaux, qu'il s'agisse de Noël, d'anniversaires ou de toute autre occasion — et quelle que soit la période de l'année. Je n'ai jamais aimé les offrir, pas plus que les recevoir. Ils sont censés être le signe de l'amour, de la reconnaissance ou de toutes sortes d'émotions positives, mais trop souvent, ils s'apparentent davantage à une lourde responsabilité.

Il y a quelques exceptions. L'une d'entre elles est le fait d'offrir des cadeaux à des enfants. On sait, grâce à leurs parents, ce qu'ils désirent le plus — et ils sont tellement heureux de l'obtenir. Il n'y a là aucun problème. Et de temps en temps, je me retrouve dans un magasin, réalisant que l'objet que je regarde est exactement ce qu'un ami ou un parent chérirait. Là encore, j'éprouve un grand plaisir à l'acheter pour eux, à leur faire une délicieuse surprise. Le bonheur est au rendez-vous.

Mais de manière générale, c'est une autre histoire. On ne sait pas ce que le destinataire aimera — en tout cas pas de façon suffisamment détaillée. Et même si on connaît exactement ses goûts, peut-être a-**il** déjà ce qu'on veut lui offrir. Une parente aime les romans d'un écrivain célèbre, mais a-t-elle tous ses livres ? Un autre aime les gadgets de bureau, mais ai-je déjà vu celui-ci sur le sien ? On peut passer des heures à réfléchir à ce problème pour finir par acheter la bouteille de vin ou le bouquet de fleurs habituels. C'est une valeur sûre.

Une autre solution est la liste de souhaits. À Noël, les membres de ma famille — et je suppose que c'est le cas pour beaucoup d'autres — ont tous une liste avec les cadeaux précis qu'ils aimeraient recevoir — quel livre, quelle paire de pantoufles, quel calendrier annuel. Acheter ces cadeaux, c'est un peu comme faire mes courses hebdomadaires. Je consulte la liste, j'achète, j'attends la livraison. Il n'y a rien d'artistique là-dedans. Pas de surprise à l'ouverture du paquet. Le seul avantage est que la personne accueillera favorablement l'ajout à sa garde-robe, à sa bibliothèque ou autre et ne ressentira pas l'envie de l'échanger.

Il ne s'agit pas seulement d'acheter des cadeaux — je n'ai jamais aimé en recevoir non plus. Lorsque j'étais enfant, il pouvait y avoir un objet convoité — une poupée spéciale ou une jolie robe — et lorsqu'on me l'offrait, oui, cela me faisait plaisir. Mais la plupart du temps, ce n'était pas ce que je souhaitais. La grand-mère qui passait souvent Noël avec nous avait de bonnes intentions, mais n'était pas douée pour déterminer l'âge correspondant à l'article. Plus surprenant encore, mes parents n'étaient guère mieux. Même lorsque j'ai atteint l'âge adulte, ma mère n'a pas pu résister à l'envie de m'acheter une robe qu'elle trouvait « mignonne », mais qui n'a jamais été à mon goût.

Le problème, c'est que j'ai toujours eu une forte aversion pour le gaspillage sous toutes ses formes. Un mauvais cadeau est un

Beaucoup de choses restent les memês, les moins bonnes choses véritable gâchis — un gâchis d'argent, un gâchis de temps passé pour l'acquérir et un gâchis de tous les efforts faits pour le porter, le lire ou l'utiliser de la manière prévue. Un gâchis et une gêne. Je dis merci, bien sûr, mais tout cela me met très mal à l'aise.

Mais il y a une exception. Il y a quelques années, je travaillais tranquillement sur mon ordinateur par un après-midi gris de fin novembre lorsque l'on a sonné à la porte. Comme nous n'attendions personne, j'ai supposé qu'il s'agissait probablement d'un de ces travailleurs humanitaires qui viennent à Noël. J'ai laissé mon mari s'en occuper. Il m'a crié que nous avions un gros colis. Je savais que nous n'avions rien commandé, alors je me suis précipitée en bas dans l'espoir d'attraper le livreur avant qu'il ne disparaisse. J'ai tout de suite pensé qu'il serait embêtant de devoir renvoyer un objet volumineux.

Comme le colis portait mon nom, j'ai commencé à enquêter. Il s'agissait d'un grand panier. Après avoir retiré les rubans colorés et les feuilles de plastique transparent, j'ai réalisé qu'il s'agissait d'un panier rempli de fruits, d'un assortiment de chocolats et d'une bouteille de mousseux. Quelle belle pensée de la part de cette personne, même si cela ne m'était sûrement pas destiné. Un mot qui m'était adressé accompagnait le panier, de la part de mes charmants voisins temporairement absents, me remerciant de m'occuper de leur maison. C'était bien pour moi finalement. Une surprise totale en cette journée grise.

Un cadeau qui m'a plu — pas du tout un gâchis.

Est-ce si difficile d'acheter une serpillière ?

Je suppose que tout le monde a l'impression de passer trop de temps sur les futilités de la vie, que l'on ait vingt-quatre ou soixante-quatorze ans. Et cela ne s'arrête pas là. Nous connaissons tous ce genre de choses : régler les factures de gaz ou d'électricité, s'assurer d'avoir des denrées alimentaires de base en suffisance ou simplement assurer le fonctionnement quotidien du foyer. Un certain temps est acceptable, mais il y a parfois un problème qui prend plus de temps. On essaie une chose, puis une autre, mais rien n'y fait et on finit par passer une très mauvaise journée.

C'est ce qui m'est arrivé récemment lorsque j'ai dû acheter — entre autres choses prosaïques — une serpillière. Le manche du balai brosse s'est cassé, de la même manière que son prédécesseur. J'ai décidé qu'il me fallait non seulement une nouvelle serpillière, mais aussi un nouveau type de serpillière. J'ai demandé à ma voisine très avisée quelle serpillière elle me recommanderait. Je n'ennuierai personne avec les détails, mais elle m'a suggéré un type et une marque en particulier (il s'agissait d'un ensemble serpillière-seau) et j'ai pensé que le problème était résolu. Il ne me restait plus qu'à l'acheter.

Je crois fermement que l'on peut acheter n'importe quoi en ligne et très rapidement. Je suis allée sur le site du supermarché en ligne que j'utilise régulièrement et je n'ai trouvé aucune trace de cette serpillière. Il y avait bien le seau, il y avait même des recharges pour cette marque, mais la serpillière en elle-même était introuvable. Je me suis donc rendue chez le célèbre fournisseur en ligne, qui porte le nom d'un grand fleuve d'Amérique du Sud, le fournisseur que

Beaucoup de choses restent les memês, les moins bonnes choses tout le monde aime et déteste à la fois. Ils avaient bien la serpillière, mais pas le seau. On m'a dit qu'ils auraient l'ensemble « serpillière-seau » dans les trois semaines, et à un bon prix. Mais j'en avais besoin immédiatement. Cela devenait ennuyeux.

Je me suis alors souvenue qu'il y avait une quincaillerie pas trop éloignée, qui proposait parfois des articles tels que des serpillières, bien qu'elle ait tendance à être hors de prix. J'ai appelé pour vérifier. Ils avaient la serpillière, mais le prix indiqué était si bas que je doutais qu'il s'agisse de la bonne. Et le seau coûterait un peu moins de 60 €. J'ai même rappelé pour vérifier si j'avais bien compris. S'agissait-il d'un seau en métal argenté ? Je n'en avais aucune idée, mais je n'avais pas besoin d'un seau à ce prix !

Cela devenait sérieusement ennuyeux. Je perdais définitivement le sens des proportions et il fallait que je fasse une pause. Je suis allée préparer le déjeuner. C'était peut-être une erreur. J'ai commencé à faire des bêtises avec la cuisinière. J'ai certainement réussi à agacer mon mari qui me supporte depuis longtemps et qui m'a dit que j'allais finir par me brûler moi, ou même la maison, sans parler du déjeuner. Ce n'était pas le cas. Mais ce n'était pas un moment de détente. J'ai essayé d'expliquer mon problème, mais il a dit qu'il n'était pas vraiment intéressé par une serpillière. La conversation s'est arrêtée là. Et, en effet, qui pourrait le blâmer ? En quoi une serpillière peut être intéressante ?

Après cette pause, j'ai trouvé une solution. J'ai acheté la serpillière sur un site de vente en ligne, elle est arrivée le lendemain, et j'ai commandé le seau ainsi que d'autres articles sur un autre site, ils ont tous été livrés quelques jours plus tard. C'est ainsi qu'est né un ensemble serpillière-seau flambant neuf.

Pourquoi sommes-nous si agacés par ce genre de choses ? Est-ce que c'est moi qui suis dans un mauvais jour ? Non, je pense que les petites choses peuvent mettre tout le monde en colère de temps en temps. Et le fait qu'il s'agisse justement d'une petite chose ne fait qu'aggraver la situation. On sait qu'on devrait « faire mieux » quand le problème n'est pas si grave. Je me suis demandé si c'était à cause d'Internet. J'en doute, mais il est vrai que cela a créé ce besoin de tout avoir tout de suite. Et c'est souvent le cas. Nous devons apprendre que « souvent » ne signifie pas « toujours » et l'intégrer dans nos plans.

Pensons à nos mères — ou, plus encore, à nos grands-mères — qui n'auraient jamais eu le luxe de pouvoir gérer ce genre de choses aussi rapidement. Elles auraient dû se rendre dans de véritables magasins, souvent situés assez loin, pour trouver ce qu'elles voulaient, si tant est qu'elles l'aient trouvé.

Elles seraient impressionnées de voir à quel point c'est facile pour nous aujourd'hui.

MOMENTS DE VIE

L'homme au rouleau à pâtisserie

2020

On m'a dit que la fonction de juré était incroyablement ennuyeuse. Je ne suis pas d'accord. Pour moi, ça a été fascinant, obsédant, très absorbant et probablement bien d'autres émotions mélangées. Mais jamais ennuyeux. Par le plus grand des hasards, je me suis retrouvée dans le jury d'un procès pour meurtre — un procès si sensationnel qu'il faisait l'objet d'un article dans le journal.

Je me suis présentée, comme on me l'avait demandé, à la Westminster Crown Court un lundi matin de juin. Mon nom a été appelé pour faire partie du jury juste après le déjeuner. On m'a posé une série de questions, notamment sur mes éventuels contacts avec l'université de Westminster. Il s'est avéré que j'étais un juré de remplacement, car un autre juré venait d'être révoqué en raison de ses relations avec l'université en question. J'ai été rapidement conduite dans la salle d'audience, où tout le monde semblait heureux de voir la fin d'une longue attente et le procès a commencé immédiatement.

L'atmosphère était très intimidante. Il s'agissait du procès d'un assistant de recherche du département de psychologie de l'université, Stephen Reid. Il a reconnu avoir tué une jeune conseillère en informatique, qui avait été très gentille avec lui dans le cadre de son travail. Il l'avait tuée avec un rouleau à pâtisserie (*L'homme au rouleau à pâtisserie*, ont titré les journaux), il avait l'intention de se suicider et voulait emmener quelqu'un de gentil avec lui dans « l'au-delà ».

Mais Reid avait déclaré que sa responsabilité était diminuée en raison de ses problèmes de santé mentale. L'objectif du jury, nous a-t-on dit, était de décider non pas de sa culpabilité, mais de savoir si, selon la loi, ses problèmes de santé mentale étaient graves au point que sa responsabilité soit diminuée. Il serait enfermé dans les deux cas, mais notre verdict déterminerait s'il serait envoyé dans une prison ordinaire ou dans un hôpital psychiatrique. C'était une situation kafkaïenne. Un jury n'est pas composé de professionnels de la santé mentale. Comment étions-nous censés déterminer la bonne réponse ? Néanmoins, nous comprenions bien notre responsabilité à l'égard de l'accusé et de sa victime.

Quatre psychiatres avaient examiné Reid. Trois d'entre eux avaient déclaré qu'il souffrait d'un trouble de la personnalité schizoïde ; le quatrième avait d'abord abondé dans ce sens, mais s'était ensuite ravisé. Nous nous trouvions donc face à un dilemme. Devions-nous interpréter cela comme signifiant que le dernier était très incertain — ou qu'il était au contraire très sûr de lui, car il faut beaucoup de courage à un psychiatre professionnel pour changer d'avis.

Le procès a duré près d'une semaine. On nous a montré des photos horribles de la victime — une jolie, brillante et talentueuse diplômée de Cambridge à Londres. Nous avons suivi le parcours de Reid, depuis son enfance malheureuse dans le nord de l'Angleterre jusqu'à son statut d'universitaire solitaire à Londres. Il était ce collègue (y en a-t-il dans tous les lieux de travail ?) dont tout le monde pensait qu'il fallait lui faire montre d'un peu de sympathie, mais personne ne voulait se porter volontaire. Il travaillait manifestement beaucoup, tant pour ses recherches rémunérées que pour son propre doctorat, mais il n'avait pas d'amis et il n'était pas très facile de lui parler. Il a été décrit comme ayant de « faibles compétences sociales ». J'ai l'impression que c'est un euphémisme.

On nous a également fait revivre en détail le meurtre en question ainsi que les périodes qui l'ont précédé et suivi. Ce qui m'a le plus frappé, c'est que Reid travaillait sur deux niveaux émotionnels distincts en même temps. Par exemple, la veille du meurtre, il a distribué des questionnaires à des étudiants dans une salle de classe occupée, dans le cadre de ses recherches doctorales en cours, et s'est ensuite immédiatement rendu dans un grand magasin local pour acheter le rouleau à pâtisserie, le ruban adhésif et d'autres matériaux qu'il avait l'intention d'utiliser pour le meurtre.

Le meurtre lui-même avait mal tourné à tous points de vue. La jeune femme s'était révélée plus difficile à tuer qu'il ne l'avait imaginé, ce qui avait rendu l'affaire très compliquée, même s'il avait fini par réussir. Il s'est ensuite réfugié dans un hôtel bon marché et a pris des pilules pour se tuer, mais les a vomies. Il s'est alors rendu à Brighton, où il a tenté de se cacher, mais il a été reconnu et arrêté une dizaine de jours plus tard.

Nous avons tous regardé des feuilletons télévisés dans lesquels des détectives enregistrent des discussions avec un témoin, en annonçant l'heure et les personnes présentes. Au tribunal, ces transcriptions ont été longuement lues. Le plus étonnant est l'absence totale d'émotion de la part de Reid. Il a décrit avec soin ses plans et procédures pour le meurtre et la période qui a suivi, mais sans aucun remords. Il n'a pas dit « Oh mon Dieu, je ne sais pas ce qui m'a pris, comment j'ai pu faire ça ». Il était juste très direct — et très, très froid.

Ce qui m'amène à la partie la plus mémorable de toute cette expérience — la nature effrayante de la présence d'une personne dépourvue de toute émotion. Mon siège de juré se trouvait être le plus proche de l'endroit où Reid était assis dans la salle d'audience et c'était comme s'il rayonnait d'un manque d'affect humain. Il était assis passivement, pratiquement sans expression, passant de temps en temps une note à son avocat.

J'ai ressenti la froideur de son personnage dès le premier jour et tout au long du procès. J'ai trouvé cela incroyablement dérangeant, mais aussi quelque peu fascinant. C'était si terrible que c'en était presque émouvant. En effet, une fois le procès terminé, j'ai contacté un psychiatre que je connaissais grâce à mon travail pour discuter de ma perception. Il m'a confirmé que l'expérience d'une personne souffrant d'un trouble de la personnalité schizoïde pouvait être très pénible, même pour les professionnels qui travaillent avec elle.

La loi ne m'autorise pas à parler des délibérations du jury ni de la manière dont nous sommes parvenus à un verdict, mais je peux dire que les membres du jury ont été, presque uniformément, très impressionnants. Nous avons passé cinq jours très intenses à examiner les informations, à débattre dans tous les sens. J'avais l'impression d'être dans le film *Douze hommes en colère* et c'était également le cas pour plusieurs autres. Toute cette expérience a été très fatigante et obsédante. Je me suis surprise à en rêver.

Finalement, nous avons déterminé par dix voix contre deux (comme le permettait le juge) que le tueur souffrait de problèmes de santé mentale suffisants pour lui accorder une responsabilité atténuée. Le juge a accepté le verdict et a déclaré que la sentence serait prononcée un mois plus tard. Nous avons été congédiés.

Nous avons fait nos adieux et avons littéralement disparu dans la foule par un après-midi ensoleillé. Après une période aussi intense, je n'ai pas eu l'impression d'une fin en apothéose.

Environ un mois plus tard, j'ai lu dans le journal que le juge avait décidé, contre l'avis du jury, que Reid n'avait pas de responsabilité atténuée et qu'il avait été envoyé dans une prison ordinaire. On pouvait se demander pourquoi nous avions consacré tout ce temps et tous ces efforts.

Je me suis demandé de temps à autre ce qu'il était advenu de Stephen Reid. Je suppose qu'il a travaillé sur son doctorat — et l'a peut-être achevé — en prison. Il a dû être libéré depuis, mais mes recherches limitées sur Internet n'ont rien révélé.

Peut-être a-t-il changé de nom.

Naissance

2006

On dit que les mères oublient l'accouchement, une ruse de Mère Nature pour que nous ayons envie d'avoir d'autres enfants. Je me souviens assez bien de la naissance de mes deux enfants, mais je ne saurais dire si je me souviens parfaitement de la douleur. (Je me souviens encore aujourd'hui de la douleur causée par un calcul rénal, alors que je n'avais que 22 ans, et je jurerais que c'était pire qu'un accouchement, malgré l'absence de toute méthode de mesure.)

Ce dont je me souviens très bien, c'est de la naissance de mon premier petit-enfant. Le travail de ma fille avait duré plusieurs jours et j'étais allée chez elle un moment durant cette période pour l'aider. Elle était suivie par une équipe de sages-femmes indépendantes très respectées qui, avec le recul, auraient dû faire appel à des soins médicaux beaucoup plus tôt. Mais tout s'est finalement bien passé.

Il avait même été question d'un accouchement à domicile, ce qui m'a surpris, mais le travail était si long que l'idée a été balayée et elle a finalement été admise à l'hôpital. Son mari l'accompagnait et je les ai rejoints, comme elle l'avait demandé, au fur et à mesure que le travail progressait. Je me suis retrouvée à faire les cent pas comme le proverbial futur père. On sait — peut-être plus que lorsqu'on était plus jeune et moins expérimenté — que les choses peuvent mal tourner. Dans mon cas, le fait que la sœur d'une amie avait, un mois auparavant, rencontré des difficultés majeures lors de l'accouchement, entraînant un handicap permanent pour sa petite fille, n'avait pas aidé.

J'ai trouvé que le son des battements du cœur du bébé sur un moniteur, qui aurait dû être rassurant, était incroyablement effrayant. Je n'arrêtais pas de penser que le battement que je venais d'entendre pourrait être le dernier. Je me suis inquiétée à la fois pour ma fille et pour le bébé. En fait, je me suis tellement inquiétée que j'ai commencé à me demander si je n'étais pas en train de devenir un problème.

Et c'est la seule fois où j'ai été témoin d'une intervention d'urgence. Une minute, tout se passait normalement et la suivante, après un signal que je n'avais même pas remarqué, il y a eu un mouvement précipité et un triangle parfait de cinq ou six membres du personnel de l'hôpital s'est formé. C'était à la fois effrayant et impressionnant.

À la dernière minute, il s'est avéré que ma fille devait subir une césarienne et son mari était, à juste titre, tellement épuisé par le long travail qu'il craignait de s'évanouir dans la salle d'accouchement. Nous n'avions pas évoqué cette possibilité, mais j'ai proposé de le remplacer et, avec un air de grand soulagement, il a rapidement accepté. J'ai tenu la main de ma fille pendant qu'ils la préparaient à l'intervention, demandant toutes les deux minutes quand ils allaient mettre le rideau.

C'est un moment tellement intime que je me suis sentie très proche d'elle, bien sûr, et heureuse de pouvoir l'aider en cette heure cruciale de sa vie. Et ma récompense a été que lorsque mon petit-fils est né, il a été immédiatement placé dans mes bras. Elle n'avait pas la force de le prendre dans les siens à ce moment-là et le père était dehors. Mais nous l'avons appelé et ils ont tous deux tenu leur nouveau né dans leurs bras très rapidement. Je suis restée avec eux un moment et c'est après minuit que mon gendre m'a conduite à un endroit du centre de Londres où je pouvais prendre un taxi pour rentrer chez moi.

Je n'ai pas de mots originaux pour décrire la particularité d'une naissance. Elle signifie une nouvelle vie pour le petit-enfant, bien sûr, mais aussi pour tous ceux qui entourent le bébé — sa mère, son père et beaucoup d'autres encore. Sans oublier la grand-mère.

Je me souviens de m'être sentie comme un cerf-volant, incapable de me calmer ou de dormir. Je suis restée debout jusqu'à tard dans la matinée pour envoyer des courriels sur la naissance à ma famille et à mes amis. J'étais ravie d'ajouter, en reprenant les mots immortels — et incroyablement suffisants — de Margaret Thatcher : "Nous sommes grand-mère !"

Cela faisait des années que j'attendais de pouvoir utiliser ces mots.

Rencontre à Rome

2013

Les vacances étaient plus longues que d'habitude et nous avions loué un appartement spacieux, mais ancien dans le centre de Rome. Ce n'était pas notre première visite, loin de là, mais nous avons fait beaucoup de choses habituelles — visiter des églises et des galeries, passer une soirée mémorable au Vatican et nous promener.

Un jour, nous sommes allés déjeuner dans un restaurant local à l'ancienne. Il se trouvait là depuis des décennies, avec peut-être le même menu classique et les nombreux serveurs en uniforme noir. Je ne me souviens plus du nom de l'établissement ni de ce que nous avions commandé, mais la nourriture était assez bonne. Les tables étaient très proches les unes des autres selon les normes anglaises. Notre table pour deux se trouvait à seulement quelques centimètre de la table voisine, de sorte qu'elles pouvaient facilement être réunies pour un groupe de quatre personnes. C'est la raison pour laquelle nous avons pu remarquer un homme âgé, peut-être octogénaire, assis seul à la table juste à côté de la nôtre. Il était bien habillé, avec un air confiant et un visage intelligent. Il semblait connu du personnel du restaurant.

Nous étions mariés depuis cinquante ans et nous avions une grande facilité à discuter de toutes sortes de choses, de ce que nous avions vu à Rome à nos petits-enfants, des nouvelles du jour et de bien d'autres sujets. Je me demandais si cet homme pouvait entendre ce que nous disions, mais rien n'était confidentiel donc cela importait peu. Quelque temps après avoir terminé notre deuxième plat et commandé un café, il a établi un contact visuel avec nous. Il a fait un commentaire sur la nourriture ou le restaurant, ou quelque chose de semblable, sans grande importance. Il s'exprimait dans un bon anglais, même si ce n'était manifestement pas sa langue maternelle.

Mais cela avait brisé la glace. Il nous a demandé d'où nous venions. Lorsque nous avons répondu Londres, il nous a dit qu'il adorait Londres, en particulier les clubs de gentlemen autour de St James. Cela ne faisait pas partie de notre monde, mais nous avons souri pour être agréables. Il a mentionné que l'un de ses fils travaillait en Angleterre et qu'il aimait s'y rendre de temps en temps.

Il nous a ensuite dit qu'il venait d'un pays d'Amérique du Sud (non nommé ici pour préserver son anonymat) et qu'il était un ancien juge de la Cour suprême de ce pays. Je me suis brièvement demandé si je devais le croire, mais j'ai décidé qu'il s'agissait d'un détail difficile à inventer. Il avait été évincé lors de l'arrivée au pouvoir du président de l'époque et s'était empressé de s'installer en Europe. Il avait passé la plupart de son temps à Rome, mais il s'était rendu en Angleterre et dans d'autres pays. Il a été question d'une femme et de quatre ou cinq enfants adultes, mais il ne semble pas qu'il ait eu beaucoup de contacts avec eux, **ni** même avec sa femme. En effet, il semblait être un personnage un peu délaissé, mangeant seul — très probablement fréquemment — dans une ville étrangère.

Il nous a posé des questions. Depuis combien de temps étions-nous mariés ? Avions-nous des enfants ? Que faisions-nous à Rome ? Tout cela était raisonnablement inoffensif. La plupart des questions s'adressaient à mon mari, peut-être parce qu'il était plus à l'aise pour parler d'homme à homme ou peut-être simplement parce que la configuration de nos sièges faisait qu'il était plus en contact direct avec ses yeux.

Et puis, soudain, la conversation a pris une tournure très différente. Il a dit qu'il semblait que nous nous aimions beaucoup et s'est arrêté brièvement pour vérifier si c'était le cas. Mon cher mari, bien que normalement réticent comme la plupart des Anglais, a dit que oui, nous nous aimions. Je crois que j'ai hoché la tête ou murmuré un accord.

"Pardonnez-moi de vous poser la question, a commencé l'étranger, mais qu'entendez-vous par amour ?"

L'atmosphère a soudainement changé. Il ne s'agissait pas d'une question légère, mais d'une question sérieuse posée par un homme sérieux. Nous le savions, il le savait et il savait que nous le savions. Peut-être essayait-il de résoudre quelque chose dans son esprit. Je voyais mon mari commencer à réfléchir, à chercher une réponse. "C'est une question difficile", a-t-il dit pour gagner un peu de temps. "Oui" fut la réponse. Mon mari est un homme qui réfléchit et qui n'a pas peur des questions difficiles. En tant qu'universitaire, il y est habitué. Mais cela ne faisait absolument pas partie de ses projets pour le déjeuner.

"En y repensant, a-t-il dit, je ne suis pas du tout sûr d'avoir été amoureux lorsque nous nous sommes mariés. Bien sûr, j'étais très attiré par elle pour de nombreuses raisons, mais je ne comprenais pas alors ce qu'était l'amour. J'étais beaucoup trop jeune et pas assez mûr. Et je pensais à d'autres choses — surtout à moi-même et à ce que j'allais faire. Si on m'avait demandé ce que signifiait l'amour, ma réponse aurait probablement porté sur les qualités particulières de ma femme".

"Mais, a-t-il poursuivi, je pense maintenant que l'amour est quelque chose qui se développe lentement au fil du temps. Il nécessite une période de croissance et de maturité. Si je devais le définir, il s'agirait de vouloir le bien de ma femme, d'être prêt, si nécessaire, à sacrifier mes propres intérêts pour l'aider. Bien sûr, je peux aussi en tirer profit, mais je le ferais même si ce n'était pas le cas. Je veux — très profondément — qu'elle soit heureuse et épanouie. C'est de cette même manière que j'aime aussi mes enfants et mes petits-enfants".

Tout cela a été dit calmement pendant un certain temps, d'une manière lente et réfléchie.

Je ne suis pas une personne larmoyante ni sentimentale. Je ne pleure pas à l'opéra ou devant un film triste. Mais là, mon mari essayait de m'expliquer son amour pour moi, au beau milieu d'un restaurant public de Rome. Mes yeux se sont définitivement embués. Il n'y avait rien, nulle part, en dehors de ces deux petites tables.

Mon mari a dit plus tard que les yeux du juge étaient également humides. Il avait l'air perdu dans ses pensées, voyant peut-être ce qui avait manqué à son propre mariage. La table est devenue plutôt silencieuse. Le juge a dit quelque chose comme quoi il n'était pas sûr d'avoir déjà vécu cela. Nous sommes lentement revenus à une conversation plus normale.

À un moment donné, le serveur est venu nous apporter la note et nous avons payé. "Cette discussion a été très intéressante", a déclaré le juge. Nous aurions pu prendre ses coordonnées et poursuivre la conversation ailleurs — après tout, il avait dit qu'il venait à Londres de temps en temps. Mais j'ai présumé que nous n'avions probablement pas beaucoup de choses en commun et qu'il était peu probable qu'une relation future se développe. C'est peut-être ce qu'il a pensé lui aussi.

Nous nous sommes serré la main et avons quitté le restaurant séparément.

Nous ne connaissons même pas son nom.

Chapitre 5 : ET, AVEC UN PEU DE CHANCE, IL Y A DE SURPRENANTES JOIES NOUVELLES

Introduction

Et voici le bon côté des choses. Oui, vieillir présente de nombreux inconvénients très visibles, des rides de plus en plus marquées aux nouvelles maladies et aux nouveaux soucis. Oui, de nombreuses irritations rencontrées tout au long de la vie continuent à nous agacer. Ce sujet a été largement abordé ici et ailleurs.

Mais le troisième âge apporte aussi de nombreuses compensations — et il est important de les célébrer. Tout d'abord, pour beaucoup d'entre nous, il y a les petits-enfants. Tout le monde n'en a pas, bien sûr, et, pire encore, certains de ceux qui en ont ne peuvent pas en profiter à cause des exigences de la distance et des relations familiales difficiles. Mais dans la grande majorité des cas, ces petits êtres apportent un sens nouveau et accru à notre vie. Dans le même temps, d'autres relations se renforcent et s'épanouissent, que ce soit avec un partenaire, des enfants adultes ou des amis de longue date.

Mais nos années d'âge mûr sont aussi marquées par une nouvelle perception de nous-mêmes. Certains d'entre nous mettent parfois toute une vie à comprendre et à accepter leurs propres forces et faiblesses, sans parler de la contribution méconnue qu'ils apportent à ceux qui les entourent. Oui, certains y parviennent bien avant, mais c'est une période où nous nous réconcilions avec nous-mêmes, ce qui nous apporte un plus grand sentiment de paix intérieure. Pour moi, c'est là le véritable avantage de l'âge mûr.

Une illumination totale

Demandez à n'importe quelle femme de vous parler de son nouveau petit-enfant et elle s'illuminera comme une jeune femme amoureuse. Ce fut certainement le cas pour moi. Les grands-mères sont invariablement ravies. Les grands-pères aussi. C'est peut-être tout ce qu'il faut savoir. Nous sommes devenus grands-parents et nous aimons ça. Mais pour ceux qui sont naturellement curieux, une question intéressante se pose : pourquoi ? Qu'est-ce qui rend ce nouveau rôle si gratifiant ? Les réponses sont nombreuses.

Commençons par les petits-enfants. Bien sûr, nous les adorons sous toutes leurs formes et tailles. Certains nous rappellent nos propres enfants — leurs parents — et nous avons l'impression de revivre notre vie d'avant. D'autres sont complètement différents et nous chérissons la nouveauté de leurs intérêts et de leurs personnalités.

Et c'est amusant de faire des choses avec eux — de tenir un nouveau bébé sur nos genoux, de s'asseoir par terre et de faire des puzzles avec un tout-petit, d'emmener des enfants au parc. Des tas d'activités que nous avons faites une myriade de fois et que nous pensions ne jamais refaire. En effet, nous nous sommes peut-être lassés — oh là là, ai-je vraiment besoin de relire cette histoire ? Mais aujourd'hui, nous avons le temps et nous percevons beaucoup plus facilement les plaisirs intrinsèques.

Et si l'on est un enseignant instinctif, il est merveilleux de leur faire découvrir le monde. Ils ont tant à apprendre et nous avons tant à donner. Qu'il s'agisse d'expliquer des faits concrets, comme le nom des fleurs, ou de donner des conseils sur la manière de faire face aux problèmes des adolescents, il y a une profonde satisfaction dans ce processus. Il est extraordinairement gratifiant de pouvoir offrir à de nouveaux petits êtres sa sagesse durement acquise.

Mais avoir des petits-enfants, c'est bien plus que cela. Cela signifie que nos enfants auront toutes les joies de la parentalité. Nous avons toujours voulu ce qu'il y a de mieux pour eux et nous avons peut-être passé des heures à parler de ce qu'ils voulaient faire de leur vie. Nous savons également que le fait d'avoir des enfants aide les hommes et les femmes à apprendre et à s'épanouir. C'est quelque chose que nous avons peut-être souhaité pour nos fils ou nos filles depuis un certain temps, que nous y ayons explicitement pensé ou non.

Enfin, l'aspect peut-être le plus surprenant de la fonction de grands-parents est ce qu'elle nous apporte à nous-mêmes, grands-parents. Oui, c'est amusant de jouer avec les enfants, oui, nous voulons que nos enfants soient épanouis — mais il y a quelque chose de plus que cela. Avoir des petits-enfants a des effets bien plus profonds.

De nombreuses personnes estiment qu'elles n'ont pas été les meilleurs parents — peut-être étaient-elles trop jeunes et inexpérimentées. Ou peut-être étaient-ils trop occupés par leur travail ou d'autres problèmes. Avoir des petits-enfants donne l'occasion de recommencer, de faire mieux et, dans une certaine mesure, de se racheter. C'est une chose rare dans la vie — une seconde chance. Je sais que c'est ce que j'ai ressenti.

En vieillissant, nous commençons à penser un peu plus souvent au long terme. Notre vie a-t-elle été utile ? Avons-nous laissé quelque chose de bon derrière nous ? Les petits-enfants représentent nécessairement l'avenir — et il se peut qu'ils se souviennent de nous au fil du temps. Nous aimons à penser qu'il y aura peut-être une conversation, dans vingt ou trente ans, qui commencera par "Je me souviens que ma grand-mère m'a dit..."

Un corollaire de cette pensée est la transmission de nos gènes. Certaines personnes ne pensent pas que cela soit très important, et c'est très bien ainsi. J'en fais d'ailleurs partie. Mais d'autres éprouvent un grand plaisir à voir apparaître cette touffe de cheveux roux qui n'était pas encore réapparue dans la famille jusqu'à présent, ou la même fascination pour les mathématiques.

Et enfin, le plus surprenant de tout, c'est que nous nous aimons tellement mieux lorsque nous sommes avec nos petits-enfants. Il s'agit d'une relation merveilleusement innocente, dépourvue des angoisses constantes qui assaillent les parents. On peut se détendre et être soi-même. Nous n'y pensons pas beaucoup, mais si nous le faisons, nous nous rendons compte que c'est très valorisant pour nous-mêmes.

J'ai été tellement fascinée par la complexité du rôle de grand-mère que j'ai écrit un livre sur le sujet, sur la base d'entretiens avec un large éventail de femmes, en fonction de leurs origines et de leurs expériences. Il s'intitule *Celebrating Grandmothers*, « Célébrons les grands-mères »[11].

---

[11] Titre français proposé par la traductrice

Et, avec un peu de chance, il y a de surprenantes joies nouvelles
Même après avoir écrit un livre entier sur le sujet, je le trouve toujours fascinant.

Mieux que d'être parent

J'ai appris cette citation il y a des années, mais je n'en avais pas vraiment compris le sens. J'ai dû vérifier. Je pensais que c'était Groucho Marx qui avait dit : « La meilleure raison d'avoir des enfants est d'avoir des petits-enfants ». Non, il semble que ce soit Gore Vidal (de toutes les personnes improbables) qui ait écrit : « N'ayez jamais d'enfants, seulement des petits-enfants ! » Et Lois Wyse, auteur américain prolifique, a écrit : « Si j'avais su à quel point il serait merveilleux d'avoir des petits-enfants, je les aurais eus en premier ! »

Tout grand-parent comprendra aisément ces citations. Lorsque nous avons des petits-enfants, surtout si nous les voyons assez souvent, nous avons tendance à développer un lien spécial avec eux. Ce n'est pas inévitable, mais c'est très courant. C'est mon cas. Je me suis donc demandé pourquoi il est tellement plus facile et amusant d'être grand-mère que d'être mère.

Les réponses sont nombreuses. Les grands-mères elles-mêmes disent souvent qu'elles bénéficient du meilleur des deux mondes — elles ont le plaisir d'avoir des enfants autour d'elles, mais aussi le soulagement — que les parents n'ont pas — de pouvoir les leur rendre à la fin de la journée. Oui, youpi ! Les longues journées avec des enfants en bas âge sont fatigantes à tout âge, mais surtout avec l'âge. Tout ce que nous voulons, c'est nous allonger ou nous servir un verre de vin. Peut-être les deux.

Mais si cette explication est fréquente, je ne pense pas qu'elle soit la raison principale. Pour d'autres, la véritable raison pour laquelle les petits-enfants sont si agréables est que nous pouvons être beaucoup plus généreux avec eux, voire indulgents. Il est amusant de donner aux petits enfants un petit plaisir supplémentaire, comme une part de gâteau en plus, ce que nous n'aurions jamais fait avec nos propres enfants. À l'époque, la responsabilité de leur inculquer les bonnes attitudes et l'autodiscipline était beaucoup plus importante.

Et, en effet, la discipline est le revers de la médaille. Nous étions toujours sur le qui-vive pour apprendre à nos enfants à bien se comporter, à être conscients des conséquences de leurs actes ou tout simplement à être polis. S'ils ne se comportaient pas comme nous pensions qu'ils devaient le faire, c'était à nous de rectifier le tir. En tant que grands-parents, nous ne ressentons pas un tel besoin. Certains d'entre nous souhaitent enseigner de bonnes valeurs et attitudes à leurs petits-enfants, mais nous savons que ce n'est pas notre responsabilité. Il se peut que nous essayions de nous conformer aux valeurs des parents, mais pour l'essentiel, nous pouvons nous détendre.

Il y a plus. Nous sommes plus âgés et nous pensons peut-être que nous avons acquis une certaine sagesse au cours des décennies qui se sont écoulées depuis que nous sommes devenus parents. C'est probablement le cas. Et comme nous sommes souvent à la retraite, nous sommes moins assaillis par d'autres exigences, telles que le travail à effectuer dans un délai précis. Nous pouvons nous détendre. Cela signifie que nous pouvons nous arrêter et profiter pleinement de ces enfants. Certains d'entre nous y sont parvenus la première fois (avec leurs enfants), mais beaucoup n'y sont pas parvenus. Je sais que je n'y suis en général pas parvenue.

Il existe, à mon avis, un « cercle vertueux » très complexe, qui signifie que tout s'améliore avec le temps. Dans les premiers temps, les grands-parents sont généralement ravis d'avoir à nouveau un bébé ou un petit enfant à la maison. Comme nous l'avons vu, ils sont souvent plus détendus, car ils subissent moins de pressions, et veulent faire plaisir à leurs petits-enfants de toutes les manières possibles. En outre, comme nous l'avons également souligné, cela leur donne l'occasion de « réparer » leurs erreurs en tant que parents. En même temps, les petits-enfants viennent aux grands-parents avec leurs bonnes manières — que ce soit par instinct ou par instruction parentale, ils savent qu'ils doivent se comporter au mieux dans les maisons d'autres personnes. Ils sentent l'amour et l'accueil.

C'est un excellent point de départ. Chacun veut faire plaisir à l'autre, tout en ayant l'impression que l'autre est « spécial » parce qu'il fait partie de la famille. Et comme les deux parties sont si faciles et à l'aise l'une avec l'autre, les choses continuent ainsi, renforcées par la présence de l'amour. Ils nous voient sous notre meilleur jour et nous les voyons sous leur meilleur jour. Que demander de plus ? Et il n'y a pas ces tensions qui peuvent rapidement se développer lorsque les choses vont mal à la maison, que ce soit entre les parents ou, en effet, entre les parents et les enfants.

Au fur et à mesure que les enfants grandissent et se développent, ils présentent leurs nouvelles réalisations aux grands-parents avec beaucoup de fierté. Et nous, les grands-parents, réagissons en conséquence. Tout cet amour et tout ce temps scellent un lien naturel. Même lorsque — ou peut-être devrais-je dire « surtout lorsque » — les petits-enfants deviennent des adolescents et ont tendance à se rebeller contre leurs parents, notre maison peut être un lieu d'apaisement. Ils n'ont aucune envie de se rebeller contre nous.

Un bel exemple de cette situation s'est produit il n'y a pas longtemps. Un petit-fils venait d'apprendre à utiliser le courrier électronique et commençait à envoyer des courriels à son grand-père. Un jour, il a fait une faute de frappe et a écrit par erreur « Pami » au lieu de « Papi ». Lorsqu'il s'en est rendu compte, il a dit que c'était un bon mot, parce qu'ils étaient amis en plus d'être grand-père et petit-fils. Il a dit qu'il commencerait à l'appeler « Pami ».

Bien sûr, les relations sont différentes lorsque les grands-parents ne voient pas souvent leurs petits-enfants, car il y a beaucoup moins de temps pour que ce lien se développe. Elles sont également différentes lorsque les grands-parents élèvent leurs petits-enfants à temps plein, par exemple en raison d'une maladie, d'un divorce ou d'autres problèmes de la génération intermédiaire. Dans ce cas, les grands-parents jouent le rôle de parents et peuvent avoir eu à renoncer au luxe d'être grands-parents de la manière décrite.

J'ai souvent entendu mes enfants dire : « Mon Dieu, il se comporte si différemment chez vous » ou « J'aimerais qu'il agisse comme ça à la maison ». Nous sourions innocemment et ils se demandent comment nous faisons.

J'espère que, le moment venu, ils comprendront le secret.

De nouvelles petites personnes dans nos vies

Je trouve qu'en vieillissant, il est plus difficile de se faire de nouveaux amis, de faire entrer de nouvelles personnes dans ma vie. Oui, cela peut arriver, mais les occasions de le faire semblent moins fréquentes. Mais avec les petits-enfants, c'est très facile. Contrairement aux amis, nous ne les avons pas choisis pour leur compatibilité particulière avec nos personnalités, mais cela rend encore plus intéressant le fait d'apprendre à les connaître. Pour ma part, c'est un plaisir permanent.

Comme avec ses propres enfants, il faut du temps pour les cerner. Mais cela donne un plaisir supplémentaire à les voir grandir et devenir des individus à part entière. Une minute, il y a un petit bébé qui vient de naître, tout doux, intact. Puis, en un rien de temps, vous avez soudain en face de vous une forte personnalité. C'est à couper le souffle.

Je ne suis pas un expert du débat entre nature et culture, mais il me semble que les bébés sortent de l'utérus avec de nombreuses qualités préétablies. Nous les voyons apparaître au fil du temps — et peut-être les influençons-nous quelque peu dans notre éducation — mais j'ai tendance à croire que leur personnalité était là dès le départ. Nous remarquons tous ce genre de choses avec nos propres enfants. L'un est plus calme que l'autre — ou plus bruyant. Un autre aime le sport ou le déteste. L'un dessine sans cesse, tandis que son frère ou sa sœur ne touchera jamais à un crayon. Certains écoutent ce que vous dites — et d'autres ne le font jamais. Les variations sont nombreuses.

Et nous avons eu le plaisir de les voir devenir adultes, souvent en développant et en affinant les traits de caractère qu'ils manifestaient lorsqu'ils étaient petits. Le garçon de cinq ans qui chantait chaque fois qu'il en avait l'occasion est devenu chanteur, que ce soit à l'église ou dans un groupe de rock. La petite fille qui s'occupait de ses animaux de compagnie avec beaucoup de diligence devient infirmière, médecin ou mère au foyer. Bien sûr, les enfants peuvent changer et on ne peut jamais savoir avec certitude comment ils évolueront. Combien de fois avons-nous regardé notre fils ou notre fille adulte et réalisé à quel point leurs qualités étaient présentes dès le départ ?

Cela recommence avec les petits-enfants. Nous sommes probablement plus prompts à repérer leurs caractéristiques notables, compte tenu de notre expérience. Ils aiment danser, ériger des tours complexes avec des blocs de bois ou taper dans un ballon de football. Ils se disputent beaucoup ou deviennent maussades. Ils sont profondément sensibles. Ou musicaux. Nous le remarquons.

Beaucoup de ces qualités se retrouvent dans ce que disent les enfants. Nous avons remarqué que l'un de nos petits-fils était très sensible aux besoins des autres dès son plus jeune âge. Il observait attentivement les gens et semblait avoir un sens naturel de l'empathie. Cela s'est manifesté clairement alors qu'il n'avait que cinq ans. L'une de ses tantes préférées lui avait offert un cadeau de Noël avant de partir. Plus tard, elle lui a demandé avec désinvolture quel était le cadeau qu'il avait préféré. Sans sourciller, il a répondu : « Ton livre de coloriage ». Sa mère fut stupéfaite : le livre de coloriage, un regrettable double, avait été rangé dans un placard et n'avait même pas été ouvert. Avec une telle diplomatie, on peut penser que cet enfant réussira dans la vie.

Et, avec un peu de chance, il y a de surprenantes joies nouvelles

Notre autre petit-fils est très soucieux de précision. Il veut que les choses soient très claires et détermine les limites exactes de toute déclaration qu'il entend. Là encore, cela s'est manifesté très tôt. À l'âge de trois ans, nous lui apprenions à traverser une route très calme, bordée de voitures en stationnement. Nous lui avons dit : « Tu dois regarder à gauche — pas de voitures, c'est bien — puis regarder à droite, pas de voitures, c'est bien, et encore à gauche. Maintenant, nous pouvons traverser. » Rapide comme l'éclair, il a dit : « Pas de voitures en mouvement ». J'ai mis une minute à comprendre ce qu'il voulait dire, mais il avait tout à fait raison. La rue était pleine de voitures.

Les deux petits-enfants ont beaucoup grandi depuis. Mais ces qualités restent très visibles, ainsi que beaucoup d'autres.

Des personnalités uniques émergent peu à peu, comme l'image d'un puzzle.

Le changement de relation avec nos enfants

Avoir des enfants, quand on y pense, est l'une des choses les plus étranges que l'on puisse faire. C'est un énorme saut dans l'inconnu, qui offre très peu de contrôle sur le résultat. Pourtant, quoiqu'il arrive — que vous ayez une fille ou un garçon, que vous ayez des jumeaux ou plus, qu'il y ait une catastrophe épouvantable — cela affecte le reste de votre vie.

Nous commençons par désirer un bébé (je ne parlerai pas de ceux qui n'en ont jamais voulu). Les personnes qui ont déjà un certain nombre d'enfants peuvent imaginer avoir un autre enfant de huit ans (ou d'un autre âge), mais la plupart d'entre nous songent au bébé. Il peut s'agir d'un nouveau-né endormi et enveloppé dans une couverture ou d'un bébé qui rampe et rit en développant de nouvelles capacités, mais c'est bien à un bébé que nous pensons.

On n'entend pas beaucoup de gens dire : « J'aimerais vraiment avoir un adolescent avec qui discuter », ni même un ado gentil et coopératif d'ailleurs. En outre, je n'ai jamais entendu personne dire qu'il voulait un fils ou une fille de 36, 45 ou 52 ans, avec qui il pourrait ou non être en contact. Les êtres humains ne sont pas faits pour penser aussi loin.

C'est pourtant ce qui nous attend pendant des années et des années. Bien sûr, ils n'ont pas le même âge que nous, mais ce sont des adultes tout en restant nos enfants. C'est très étrange. Nous les regardons et l'image peut se transformer en un clin d'œil en la même personne à deux ans, à dix ans ou à vingt ans. Et pourtant, ce petit enfant que nous avons élevé porte aujourd'hui une barbe ou des cheveux gris et des lunettes. Sans parler de toutes les capacités et de tous les intérêts que nous n'aurions jamais pu imaginer.

Les relations permanentes varient énormément. Certains parents parlent à leurs enfants tous les jours, même s'ils sont très éloignés ou s'ils n'ont pas de nouvelles à leur transmettre. D'autres perdent complètement le contact, souvent avec une douleur considérable de part et d'autre. Mais je pense que la grande majorité des familles restent en contact d'une manière ou d'une autre, se tenant au moins au courant des événements importants et se souvenant des occasions telles que les anniversaires. Et je pense que, quelles que soient les disputes qui peuvent survenir de temps à autre, ces relations restent importantes.

De nombreuses variables influencent nos relations avec nos enfants adultes. Nos intérêts et nos personnalités sont-ils compatibles ? Je ne sais pas combien d'enfants « tombent près de l'arbre », comme on dit, et continuent à exercer la profession familiale. Le charpentier engendre le charpentier et le médecin engendre le médecin. Cela facilite probablement les réunions de famille, à moins que le charpentier le plus jeune n'adopte une nouvelle mode que le charpentier le plus âgé n'approuve pas. Cela arrive. Ensuite, il y a le choix du conjoint, qui peut nous rapprocher ou nous éloigner l'un de l'autre. J'ai déjà évoqué la complexité de la belle-famille.

Enfin, et c'est peut-être le plus important, il y a l'arrivée des petits-enfants. Je dirais que cet événement consolide généralement les relations avec nos enfants adultes. Au minimum, cela signifie que nous les voyons plus souvent, car si nous voulons voir les enfants, les adultes viennent aussi. Bien sûr, des disputes peuvent s'ensuivre si nous n'approuvons pas la façon dont les petits-enfants sont élevés. Peut-être donnent-ils à leurs enfants trop de choses et pas assez de temps. Ils sont peut-être trop stricts ou pas assez. Que ces petits-enfants soient de jeunes bébés câlins ou des adolescents costauds, il existe de nombreuses façons d'aider nos enfants à faire face à la parentalité. Le plus difficile est de savoir ce qu'il faut dire.

Mais dans l'ensemble, j'aime avoir des enfants adultes, plus ils sont adultes, mieux c'est. C'est un plaisir de voir la façon dont ils ont grandi et se sont développés. Leurs centres d'intérêt ne sont peut-être pas les vôtres, mais cela ajoute une nouvelle dimension à votre vie. Ils vous permettent de rester en contact avec les générations suivantes et vous tiennent sur vos gardes. Très occasionnellement, ils peuvent même vous demander conseil.

Je les trouve toujours surprenants.

Des amitiés renforcées

Presque tout le monde a des amis. Cela fait partie de la vie. Certains en ont beaucoup, d'autres très peu, mais nous savons tous qui sont nos amis. Ce sont des personnes qui ne font pas partie de notre famille, qui ne sont pas nos voisins et qui sont bien plus importantes que des connaissances. Nous les rencontrons lorsque nous le pouvons, nous leur parlons en personne ou au téléphone et, d'une manière générale, nous les considérons comme des personnes importantes de notre vie.

Les amitiés sont courantes tout au long de notre vie, depuis la crèche jusqu'à la vieillesse, certaines restant constantes d'année en année, d'autres changeant. Mais je soupçonne qu'en vieillissant, nos amitiés se renforcent. Celles que nous entretenons depuis longtemps doivent devenir plus solides et plus étroites à mesure que nous partageons les joies et les tribulations du vieillissement. Et même les amis acquis tardivement se sentent importants, simplement parce que les personnes âgées sont plus fragiles.

Bien qu'il n'existe qu'un seul mot, ami, il est bon de faire une distinction claire entre eux. Ils jouent des rôles très différents dans nos vies. Certains sont des personnes avec lesquelles nous aimons faire des activités — ils nous offrent de la compagnie, des distractions et l'occasion d'explorer de nouvelles choses. Selon notre culture, nous les rencontrons au bar à vin, au pub ou au café du coin. Nous avons tendance à nous réunir pour des activités régulières, par exemple pour jouer au tennis ou chanter dans une chorale. Ils partagent probablement nos goûts et sont généralement agréables à fréquenter.

Nous voyons souvent ces amis, mais nous ne les connaissons pas vraiment. Nous discutons de notre vie quotidienne, sans aller plus loin. Il se peut même qu'ils soient en plein divorce et qu'ils ne nous en parlent pas. La pandémie mondiale a sans doute affecté ces amitiés, car il était généralement difficile de rester en contact pendant le confinement, en raison de la fermeture de nombreux lieux.

En revanche, il y a les amis qui procurent un sentiment d'intimité — ce sont les personnes à qui nous racontons nos problèmes, qui comprennent notre caractère et les recoins les plus profonds de notre esprit. Nous pouvons ou non faire des choses avec eux, mais leur importance va bien au-delà du temps que nous passons avec eux. Il se peut même que nous ne les voyions pas pendant des années, mais le téléphone, le courrier électronique et, de nos jours, Skype ou Zoom nous permettent de nous tenir au courant.

Ces amis sont souvent des personnes que nous avons connues à l'école ou à l'université et avec lesquelles nous sommes restés en contact au fil des ans. Ils ont vécu les hauts et les bas de nos premières relations, ont su que nous essayions d'avoir un enfant et ont suivi nos choix de carrière et nos dilemmes au fil du temps. Mais il peut également s'agir de personnes que nous avons rencontrées dans des circonstances plus récentes, par exemple lors d'un dîner ou dans le cadre d'une activité professionnelle.

Nous avons tous relativement peu d'amis de ce type — peut-être seulement un ou deux — mais ce sont des personnes avec lesquelles nous avons des liens très profonds. Même si les circonstances nous obligent à nous séparer pendant de nombreuses années, nous savons qu'à la première conversation, nous reprendrons là où nous nous sommes arrêtés. D'une certaine manière, il n'est pas nécessaire d'expliquer quoi que ce soit. Il est peu probable qu'un évènement affecte sérieusement de telles amitiés, parce qu'elles sont trop profondes.

Ces distinctions me sont apparues clairement il y a plus de trente ans, alors que je menais des recherches sur les personnes souffrant de troubles de l'apprentissage (les termes utilisés à l'époque étaient différents), qui sortaient des hôpitaux de long séjour dans lesquels elles avaient passé la majeure partie de leur vie. Les responsables de la politique sociale étaient très enthousiastes à l'idée de les sortir d'un cadre institutionnel et de les intégrer dans ce que l'on appelait toujours « la communauté ». Ils seraient alors libres de faire ce qu'ils veulent, quand ils le veulent, comme les autres.

Mais les travailleurs sociaux ont commencé à remarquer que les seules personnes avec lesquelles ils parlaient au cours d'une journée étaient celles qui travaillaient dans les magasins. Pour les aider à se faire des amis, ils ont mis en place des discothèques et autres lieux de rencontre. Les intentions étaient bonnes, mais l'effet a été limité. Combien d'amitié, quel que soit le genre, se créerait dans l'ambiance bruyante d'une discothèque ? Mon collègue et moi-même avons rédigé un rapport sur la question, mais nous n'avons jamais su ce qu'il en était advenu. J'espère que des moyens plus imaginatifs ont été trouvés pour les aider à développer et à maintenir des relations plus intimes.

À mon avis, ce sont les personnes qui nous procurent de l'intimité qui sont les plus importantes à long terme. Et ce sont précisément ces relations qui sont susceptibles d'être renforcées à mesure que

Et, avec un peu de chance, il y a de surprenantes joies nouvelles nous vieillissons. Nous avons le temps d'entretenir de telles amitiés et de réfléchir de plus en plus à ce qui est important dans la vie.

Elles deviennent particulièrement importantes lorsque nous nous retrouvons seuls de manière inattendue.

Un mariage ou un couple plus solide

Nous prenions un petit déjeuner tranquille. Mon mari était sorti acheter le journal, comme il le faisait tous les matins, et sur le chemin du retour, il avait rencontré notre voisine, très séduisante et sympathique. Elle revenait de deux semaines passées avec son compagnon à bronzer sur une plage en Grèce. Il aime faire des compliments aux gens. Il m'a raconté qu'il lui avait dit : « Vous avez l'air d'un million de dollars ! » Et elle avait rayonné. Dix minutes plus tard, de l'autre côté de la table, il m'a souri — vieux, aux cheveux gris et peut-être encore un peu fatigué — et voulait manifestement me dire quelque chose de gentil. « Tu as l'air… eh bien… tu as l'air d'un demi-million de dollars ! » Et j'ai éclaté de rire. S'agissait-il d'un compliment ou d'une insulte ? Il n'y avait rien d'autre à faire que de rire.

Notre mariage ou notre relation à long terme est l'un des éléments les plus importants de notre vie, mais c'est aussi celui pour lequel nous recherchons raisonnablement le plus d'intimité. Tout ce dont je peux être vraiment sûre, c'est de mon propre mariage, ainsi que quelques aperçus de ceux de mes amis. Ils sont, de manière peut-être inhabituelle, pour la plupart longs et bons.

Ce qui me surprend, c'est que les bons mariages reçoivent si peu d'attention. Peu de films, de pièces de théâtre ou de livres tentent de rendre compte de cette expérience. Les mauvais mariages font l'objet d'un traitement approfondi. Nous connaissons tous les stéréotypes. Il y a le détective buveur, qui a déjà été marié, mais qui n'a jamais pu former une bonne relation sur le long terme, peut-être à cause de ses horaires de travail. Ou encore la femme aigrie d'âge moyen, dont les relations ont été gâchées par des hommes égoïstes ou par le fait qu'elle s'occupe de ses enfants ou de son travail. Même dans les histoires de célibataires qui parviennent à surmonter les nombreux obstacles et à s'installer avec la bonne personne, nous voyons rarement le développement à long terme de leur relation.

Je suppose que la plupart des gens pensent que les bons mariages sont ennuyeux. Les gens ne veulent pas voir de films, de pièces de théâtre ou lire des livres à ce sujet. Tolstoï a écrit : « Les familles heureuses se ressemblent toutes ; chaque famille malheureuse est malheureuse à sa manière ». Oui, bien sûr, selon ce raisonnement, il n'y a rien à approfondir. Mais a-t-il raison ?

Je suis contente de dire que j'ai un mariage heureux, qui dure depuis plus de 58 ans. Je ne sais pas si quelqu'un voudrait lire un livre à ce sujet, mais c'est tout sauf ennuyeux. Un mariage heureux est une sorte d'amitié particulière. On peut parler de presque tout et plus ou moins longuement. On apprend l'un de l'autre. On aime s'asseoir ensemble sans rien faire. Et surtout, si l'on met de côté les non-dits évidents, on rit souvent ensemble. Au bout d'un certain temps, on ne se pose même plus la question de passer à autre chose. C'est tout à fait normal.

Il y a une vingtaine d'années, deux amis de ma chorale avaient décidé de se marier, mais non sans les doutes habituels. La femme m'a prise à part pendant la pause thé et, se doutant que j'étais heureuse en ménage, m'a demandé ce qui faisait un bon mariage. Je ne m'attendais pas à cette question et j'ai répondu par une litanie assez ennuyeuse de choses qu'il faut faire avec soin. Je ne me souviens plus des détails exacts, mais je sais qu'il s'agissait d'éviter les aspects négatifs, d'être sensible aux besoins de l'autre, de minimiser les querelles, etc.

Je suis rentrée à la maison et j'ai raconté notre discussion à mon mari qui a éclaté de rire. « Non, non, c'est beaucoup plus simple que cela », a-t-il dit. « Je te trouve tout simplement très intéressante ». J'ai senti toute mon argumentation s'effondrer. Il avait tout à fait raison de présenter les choses de manière aussi positive et j'avais eu tort de faire autrement. J'ai transmis ses sages paroles à mon amie et elle m'a dit : « C'est bien. Je trouve Dan très intéressant. » Ils sont toujours mariés.

Je n'aimerais pas être conseillère conjugale. Toutes ces rancunes et ces récriminations déposées si soigneusement à vos pieds chaque jour ! Je pense que je suis comme le célèbre Irlandais qui, lorsqu'on lui demande comment se rendre à un endroit difficile à trouver, répond : « Je ne commencerais pas par-là ». Mon conseil commencerait donc bien plus tôt dans la relation et serait assez simple. Continuez à vous parler. Continuez à faire l'amour. Et trouvez ce qui vous fait rire tous les deux — le bowling ? Un verre au pub du coin avec des amis ? Les films pour adolescents ? — et faites-le maintenant et souvent. Pour l'amour du ciel, amusez-vous.

Le vrai problème de la décision de se marier, c'est qu'elle implique de faire des suppositions sur l'avenir. Certes, vous vous entendez bien aujourd'hui (et vous avez probablement le désir de votre côté), mais comment évoluerez-vous tous les deux au fil des ans ?

Ces changements favoriseront-ils votre mariage ou l'entraveront-ils ? Et comment peut-on le savoir ? Ceux d'entre nous qui sont heureux en ménage savent-ils comment ils en sont arrivés là ? Ma réponse est probablement non. Comme beaucoup de choses dans la vie, vous pensez que c'est une bonne idée — avec les doutes habituels qui surgissent quelque part entre cette décision et son exécution — et vous vous lancez. Vous vivez ensuite quelques années et vous constatez que vous vous portez mieux ou au moins aussi bien — ou pire. Vous vivez encore quelques années et les personnes de la dernière catégorie se sont probablement séparées. Et vous continuez encore un peu.

Je constate que l'on me félicite souvent pour la durée de mon mariage, sans doute pour ma capacité à vivre avec une seule personne pendant si longtemps. Je trouve ce commentaire très étrange. Pourquoi devrait-on me féliciter pour une vie pleine d'amour, d'intérêt et de plaisir ?

Je pense que le mariage devient de plus en plus agréable. Au bout d'un certain temps, vous vous connaissez très bien. Vous avez partagé de nombreuses expériences. Vous avez très probablement vécu les joies et les défis incroyables des enfants. Avec un peu de chance, vous avez beaucoup ri en chemin. D'une certaine manière, il n'y a pas de retour en arrière possible.

Pourquoi le voudrions-nous ?

Et, avec un peu de chance, il y a de surprenantes joies nouvelles
Diminution de l'ambition

C'est ma mère qui l'a remarqué en premier. Elle et mon père avaient emménagé dans une nouvelle maison de retraite et, après un intervalle approprié, je lui ai demandé comment étaient les autres personnes. Elle m'a répondu que les personnes âgées avaient tendance à être très gentilles, surtout les hommes, parce qu'elles n'avaient plus autant d'ambition. Je ne me souviens pas si elle a beaucoup développé ce commentaire, mais il m'a fait réfléchir.

J'ai tendance à penser que l'ambition, lorsqu'elle n'est pas poussée à l'extrême, est une bonne chose. Peu importe que l'objectif d'une personne soit de devenir le meilleur compositeur de son époque ou d'accéder au poste le plus élevé de son entreprise (ou de son pays, d'ailleurs). Cela nous pousse à travailler plus dur dans ce que nous faisons et à réfléchir réellement à la manière de le faire mieux. En effet, bien que je manque de preuves appropriées, l'ambition, d'une manière ou d'une autre, est probablement responsable de la plupart des formes de progrès humain. Nous cherchons à atteindre un but, donc nous cherchons de nouvelles solutions. Ce faisant, nous découvrons souvent de nouveaux problèmes et nous cherchons à les résoudre. Et ainsi de suite. Le progrès se fait.

Mais la difficulté vient des conséquences involontaires de l'ambition. Elle nous pousse à aller de l'avant, mais aussi à négliger d'autres aspects de notre vie. Pas dans tous les cas, mais souvent. D'où le grand nombre d'épouses — ou, je m'empresse d'ajouter, d'époux — malheureuses et d'enfants négligés. Sans parler des amitiés que l'on ne se fait pas. Tout cela est bien connu. Vous l'avez déjà entendu.

L'ambition a également tendance à nous pousser à vouloir être perçus comme ayant réussi. Bien sûr, il y a partout des gens qui réussissent tranquillement dans leurs entreprises sans avoir besoin d'en faire étalage. Mais ce n'est pas le cas le plus fréquent.

Cela crée bien souvent une atmosphère émotionnelle intense. Il ne s'agit pas simplement d'un barbecue tranquille entre amis — c'est l'occasion pour chaque personne qui a réussi de faire connaître aux autres les succès qu'elle a remportés dans sa vie. Il en va de même lors des dîners ou au pub. Il est dans la nature humaine d'informer les autres. Encore une fois, vous avez déjà entendu tout cela.

Mais que se passe-t-il lorsque l'ambition se tarit ou qu'elle prend fin naturellement ? Vous avez composé cette étonnante symphonie ou êtes parvenu au sommet de la hiérarchie. Peut-être y a-t-il une autre symphonie à écrire ou un autre poteau à escalader. Mais finalement, que vous soyez satisfait ou non, vous arrivez à un point où vous ralentissez ou vous vous arrêtez complètement. Vous regardez autour de vous et commencez à penser à d'autres choses et à d'autres personnes. Et, parallèlement à ces changements, vous devenez probablement plus gentil.

La gentillesse est une vertu sous-estimée. Le mot même implique quelque chose d'inoffensif et d'inintéressant. Nous l'apprécions chez nos amis, bien sûr, mais elle figure rarement en tête des attributs que nous louons chez les gens. Nous avons tendance à souligner leurs talents ou leurs réussites et la gentillesse est considérée comme un ajout, quelque chose qui vient avec d'autres attributs. Mais plus je vieillis, plus je vois l'importance de cette qualité — elle représente la prévenance, la bienveillance et la volonté d'aller plus loin. Elle n'apporte aucune récompense, mais elle rend le monde beaucoup plus agréable.

La maison de retraite de mes parents était remplie de professionnels. Il y avait 17 anciens médecins, dont trois ou quatre chirurgiens du cerveau. Il y avait d'anciens journalistes, d'anciens enseignants et, étonnamment, quelques artistes au succès modéré. Mais l'accent est mis sur le mot « ancien ». Oui, certains écrivains écrivaient encore et certains artistes peignaient encore, mais dans l'ensemble, ils étaient passés à autre chose. Et ce faisant, ils étaient devenus de simples « gens ».

Une fois l'ambition écartée de la pensée d'une personne, le paysage change. Les autres ne sont pas une forme de concurrence, mais simplement quelqu'un avec qui se plaindre du temps qu'il fait. Vous partagez une bière ou un verre de vin et vous parlez de football ou du livre que vous êtes en train de lire. Même lorsque vous abordez des sujets plus controversés, comme la politique, c'est de la réussite ou de l'échec des autres dont vous parlez. C'est un grand changement !

L'une des vraies joies de l'âge est donc la diminution de l'ambition de toutes les personnes que vous rencontrez. Oui, les gens se plaignent encore. Oui, les gens parlent encore d'eux-mêmes, qu'il s'agisse de leur dernière crise de santé ou de leur enthousiasme pour un nouveau petit-enfant.

Mais c'est tellement reposant lorsque la question du statut n'a plus lieu d'être.

Se sentir bien dans sa peau

Une vieille amie et moi étions en train de discuter par courrier électronique. Elle m'avait envoyé une photo qu'elle avait prise de moi plus tôt dans la journée. Je lui ai répondu qu'elle m'avait fait remarquer à quel point mes cheveux étaient blancs. Elle m'avait également rappelé que je n'étais plus aussi mince qu'avant. Elle m'a immédiatement répondu que j'étais « belle ». Ce que je ne suis absolument pas. Je me suis dit qu'elle pensait que je faisais partie de ces femmes qui n'aiment pas trop leur corps et qu'elle cherchait à me rassurer.

Je lui ai répondu que je ne m'étais jamais sentie ni laide ni belle, mais plutôt « mignonne » et que cela ne me posait aucun problème. Elle m'a répondu qu'il s'agissait d'une qualité rare et précieuse : se sentir bien dans sa peau. Cela m'a stoppée dans mon élan. Suis-je vraiment bien dans ma peau ? S'agit-il vraiment d'une qualité rare ?

Bien sûr, cela a de nombreuses significations, mais commençons par la signification physique. Aussi loin que je me souvienne, il ne m'est jamais venu à l'esprit de penser que mon visage ou mon corps n'étaient pas assez beaux. Oui, j'étais très petite, mais ça, je n'y pouvais rien (à part porter des talons hauts). Mais je ne ressentais pas le besoin de « changer » mon corps d'une manière ou d'une autre. Je n'ai même jamais aimé me maquiller et, après quelques efforts inélégants, j'ai abandonné. J'étais — et je suis restée — une WYSIWYG (*What You See Is What You Get*, terme issu du monde de l'informatique) ambulante.

Ce n'est que lorsque j'ai eu une vingtaine d'années que j'ai découvert que ce n'était pas le cas de toutes les femmes. Beaucoup

Et, avec un peu de chance, il y a de surprenantes joies nouvelles
d'entre elles semblaient trouver leurs seins trop gros ou trop petits, leur derrière trop gros, leur nez difforme, etc. C'est ainsi qu'est né le commerce du maquillage (qui remonte à l'époque égyptienne, sinon plus tôt) et, plus récemment, la chirurgie plastique. Les conseils donnés pour modifier l'apparence physique des femmes et, de plus en plus, des hommes, sont nombreux : donner la bonne couleur à ses cheveux, faire quelques retouches et, bien sûr, appliquer beaucoup de produits sur son visage. Il s'agit même de savoir quelles sont les bonnes couleurs à porter. Mais est-ce que cela vous rend plus heureux ou vous fait vous « sentir mieux dans votre peau » ? Je me pose la question.

Au fond, se sentir en harmonie avec soi-même va bien au-delà de l'apparence physique. Vous aimez-vous ? Pensez-vous que les gens vous apprécient ? Avez-vous l'impression d'en avoir fait assez pour atteindre les objectifs que vous vous étiez fixés ?

L'idée que nous nous faisons de nous-mêmes vient de quelque part. Il peut s'agir de ce que nos parents nous ont dit ou de la façon dont nous nous comparons à nos frères et sœurs. Il y a beaucoup d'étiquettes dans les familles : « c'est le sportif » ou « elle est douée pour les relations humaines » et cela doit déteindre sur nous. D'un autre côté, cela peut ne pas être tout à fait exact. J'étais l'enfant du milieu d'une famille de trois enfants, les deux autres étant extrêmement intelligents. Malgré des notes raisonnables à l'école, il m'a fallu des années pour réaliser que j'étais aussi très intelligente. Cela ne m'avait pas semblé être le cas, en comparaison, pendant mes années d'étude.

Notre opinion de nous-mêmes vient également de nos camarades de classe, non seulement au cours de ces nombreuses années d'école, voire plus si nous sommes allés à l'université et au-delà.

Nous pouvons avoir la réputation d'être studieux, fêtard ou réfléchis. Nous pouvons avoir beaucoup d'amis ou très peu. Nous essayons d'une manière ou d'une autre de déterminer qui nous sommes et en quoi nous sommes doués. Dans quelle mesure certaines qualités et compétences sont-elles importantes — pour nous ou pour d'autres personnes ?

Le reste de la vie a fait l'objet de nombreux romans ! Elle a une façon de vous donner un coup de pouce ou de vous pousser vers le bas. Il va sans dire qu'un partenaire violent risque fort d'ébranler la confiance en soi, tout comme un partenaire discret, mais admiratif aura l'effet inverse. Il en va de même pour la réussite professionnelle. Tout cela fait partie du processus d'apprentissage. À la réflexion, j'ai le sentiment qu'apprendre à « se sentir bien dans sa peau » est le travail de toute une vie, du moins pour moi. C'est l'une des joies de l'âge : d'année en année, on s'installe, on accepte ses forces et ses faiblesses et on s'accepte tranquillement. Vous avez atteint certains objectifs, mais peut-être pas d'autres, et — on l'espère — vous acceptez votre vie pour ce qu'elle a été.

J'ai entendu récemment une citation de David Bowie : « Le vieillissement est un processus extraordinaire au cours duquel vous devenez la personne que vous auriez toujours dû être ». C'est peut-être une autre façon de dire la même chose. Il s'agit de votre personnalité, de vos intérêts, de votre caractère et de votre expérience qui se rejoignent en un seul endroit.

L'important est que vous vous considériez non pas en fonction de vos parents, de vos amis ou de vos collègues, mais en fonction de vous-même. Vous avez tendance à vous soucier beaucoup moins de ce que les autres pensent ou disent de vous.

Et, avec un peu de chance, il y a de surprenantes joies nouvelles
C'est l'un des aspects les plus merveilleux de la vieillesse, dont les gens ne vous parlent pas.

Une nouvelle liberté

C'était il y a quelques années, bien avant que l'on entende parler de Covid-19 ou de masques de protection. Je me promenais dans la rue principale par une journée ensoleillée de la mi-décembre. Je me suis approchée d'un jeune couple assis sur un muret et jouant avec un enfant en bas âge, manifestement en train de faire une petite pause dans leurs achats de Noël. Pleine d'audace, j'ai osé dire : « Excusez-moi. Aimeriez-vous offrir un livre sur les grands-mères à l'une de vos mères pour Noël ? J'en ai écrit un… et il n'est pas cher » - et je le leur ai montré. « Excellente idée », a répondu l'homme en se tournant vers sa compagne. « Votre mère l'adorera. » J'ai fait un prix réduit, ils étaient contents et j'ai fait une vente. Je n'aurais jamais osé faire cela quand j'étais jeune.

Le joyau de la couronne du vieillissement — pour ceux d'entre nous qui n'ont pas été assez intelligents pour le découvrir plus tôt — est peut-être un merveilleux sentiment de liberté par rapport à toutes les règles tacites selon lesquelles nous avons vécu. Je ne sais pas pourquoi il faut attendre d'être âgé pour en arriver à cette conclusion, mais je constate que c'est le cas. Beaucoup de gens le disent. Surtout les femmes.

Le cliché courant veut que nous souhaitions vieillir dans la honte. Oui et non. Quelques personnes le font — elles se mettent à boire, à se droguer ou à faire du rock and roll. Mais la plupart d'entre nous se contentent d'apporter à leur vie de petits changements qui leur procurent du plaisir et, peut-être, un sentiment de soulagement. Ces changements ne sont pas honteux au sens propre du terme. Ils nous permettent simplement de nous exprimer plus sincèrement. Certains amis ou connaissances peuvent être gênés, mais dans la plupart des cas, ils ne le remarqueront même pas.

Les règles sociales selon lesquelles nous devons vivre ne sont énoncées nulle part, mais nous avons tendance à les suivre presque comme si elles l'étaient. Vous vous êtes peut-être toujours senti mal à l'aise dans les fêtes, mais lorsque votre bonne amie vous a invité, vous y êtes allé. De plus, vous avez peut-être acheté une robe spéciale, voire des chaussures, dont vous ne vouliez pas vraiment. Et vous êtes arrivée à l'heure prévue avec le sourire. Pire encore, vous êtes restée jusqu'à ce qu'il soit temps de partir.

Les personnes âgées disent de plus en plus souvent : « Au diable tout ça ! ». Mon amie comprendra parfaitement que je n'aime pas les fêtes et, même si ma présence lui manque, elle acceptera le fait que je m'y sens mal à l'aise. Votre partenaire peut y aller ou non, comme il le souhaite. Vous restez à la maison avec un verre de vin et un bon livre. Vous êtes libre.

Ou peut-être n'avez-vous jamais aimé le même genre de films que votre mari, mais l'avez accompagné au cinéma pour être sociable — et vice versa. En vieillissant, vous êtes plus encline à dire que vous irez voir ce que vous aimez seule et qu'il pourra choisir ce qu'il veut. Qu'importe si vous n'y allez pas à deux ? Vous obtenez tous les deux ce que vous aimez et vous allez quand vous voulez. Vous êtes libres.

Il en va de même pour la manière dont nous nous présentons. Les gens veulent être « élégants » ou « décontractés », selon

Et, avec un peu de chance, il y a de surprenantes joies nouvelles
l'occasion. On me dit que les mères pensent même à ce qu'elles
doivent porter à la sortie de l'école, même si je dois avouer que
cette idée ne m'a jamais traversé l'esprit. C'est le moment de faire
ce qui vous plaît. Achetez cette veste en cuir soi-disant inadaptée.
Ou portez un chapeau si vous l'avez toujours voulu. Ou des jupes
courtes. De toute façon, tout le monde s'en moque.

Dès le premier jour, on dit à beaucoup d'entre nous de ne pas
parler à des inconnus et, bien qu'il s'agisse d'un conseil important
pour les jeunes enfants, cela reste la norme sociale dans de
nombreux endroits. Je suis une personne sociable, où que je sois,
et je parle donc de plus en plus souvent à de parfaits inconnus — à
l'arrêt de bus, dans la file d'attente du supermarché ou même dans
la rue. Malheureusement, je le fais beaucoup moins pendant la
période du Covid, ne serait-ce que parce qu'il est difficile d'établir
un contact personnel à travers deux masques. Lorsqu'il m'arrivait
de vendre un livre à de parfaits inconnus dans la rue, c'était
toujours au grand embarras de ma famille. Mais quelle
importance ? Personne n'était obligé d'acheter.

Aucun de ces exemples particuliers n'est d'une grande importance
en soi, mais ils sont des indicateurs d'un état d'esprit plus large. À
un moment donné, les personnes âgées se sentent libres de dire ce
qu'elles pensent et de faire ce qu'elles veulent. C'est aussi le cas de
certains jeunes, mais la tendance s'accentue avec l'âge. Souvent,
nos décisions sont parfaitement normales au regard des règles non
écrites de chacun, mais parfois elles ne le sont pas.

Cela n'a rien de dramatique. Nous n'avons pas été libérés de prison
et nous ne nous sommes pas retrouvés soudainement avec de quoi
manger alors que nous en manquions auparavant. Le mot
« liberté » a de nombreuses significations et je ne veux pas

comparer nos vies avec d'autres sources plus évidentes de contraintes sérieuses. Mais les petits changements tacites n'en sont pas moins importants pour nous.

Ils nous offrent une nouvelle chance de vivre.

Traîtresse

2015

Le plus gros problème est celui des pronoms. Lorsque vous êtes né dans un pays et que vous vivez dans un autre, à qui appartenez-vous ? Lorsque j'ai rencontré mon mari anglais, nous pouvions plaisanter sur nos pays respectifs — l'horrible cuisson excessive des légumes par « ses » compatriotes ou l'accent mis sur les hamburgers par « les miens ». Nous avons souvent ri aux dépens de l'autre, généralement dans la bonne humeur.

Puis nous sommes allés vivre définitivement à Londres. Pendant un certain temps, la même chose s'est produite. L'Angleterre n'était pas mon pays et je n'étais pas anglaise. Pas de problème de pronoms. Mais plus je vivais ici, plus la difficulté augmentait. J'ai commencé à parler plus souvent des Américains comme d'« eux », alors que j'avais beaucoup de mal à décrire les Anglais comme « nous ». En fait, j'étais déchirée : je me sentais de moins en moins américaine, mais je ne me sentais pas non plus anglaise « en moi-même », comme disent les Anglais.

La nationalité est une question de papiers, mais c'est aussi souvent une question de cœur. Comme l'a dit un jour un politicien anglais à propos des immigrants, lorsque vos deux pays jouent, le test ultime est de savoir pour quelle équipe vous vous battez. Pendant des années, je n'ai pas beaucoup réfléchi à ma citoyenneté. J'étais américaine de naissance et c'est tout. Mais je n'avais pas non plus un grand sens de la loyauté. Je n'étais pas fière du drapeau américain ou d'autres attributs de la citoyenneté. C'était juste quelque chose que j'étais et qui semblait immuable. Quel que soit l'endroit où se trouvait mon cœur, il n'était pas lié à ma nationalité.

Tout a commencé avec ma décision d'entreprendre une « année junior à l'étranger » au cours de l'année universitaire 1961-62. Alors que la plupart des étudiants américains de l'époque étudiaient à la Sorbonne à Paris, j'ai conclu que je ne serais pas capable d'étudier la théorie politique en français, car c'était déjà assez difficile en anglais. J'ai donc choisi de m'inscrire à la *London School of Economics* (LSE), où j'ai rencontré mon futur mari, un Anglais qui terminait alors ses études. Bien que nous ayons ensuite vécu aux États-Unis pendant six ans au cours des années 1960, nous avons décidé en 1968 de revenir au Royaume-Uni. Par chance, il s'est vu offrir un poste de professeur à la LSE et nous sommes restés à Londres depuis.

À un moment donné, principalement pour la commodité de voyager au Royaume-Uni lorsque nous étions à l'étranger, j'ai décidé de prendre la nationalité britannique. La goutte d'eau qui a fait déborder le vase a été une attente de plus d'une heure à l'aéroport de Gatwick, à Londres, après un voyage en avion de seulement quarante-cinq minutes depuis Amsterdam. À l'époque, l'acquisition de la nationalité britannique n'était ni difficile ni coûteuse. Je n'y ai pas réfléchi. Ma citoyenneté américaine n'était pas compromise, ce qui était très bien. Il semblait potentiellement avantageux d'avoir une double nationalité.

Mais finalement, lorsqu'il est devenu évident que je ne souhaiterais jamais retourner vivre aux États-Unis, les inconvénients de ma citoyenneté américaine ont commencé à se faire sentir. Ceux-ci découlaient principalement du fait que tous les citoyens américains vivant à l'étranger étaient imposés — non seulement je ne voulais pas payer de lourds impôts, mais les formulaires d'imposition m'exaspéraient au plus haut point. Chaque année, je me disais que ce n'était pas aussi grave que dans mes souvenirs, mais je me trompais toujours. Cela me prenait la majeure partie d'une journée.

De nombreux Américains vivant à l'étranger souhaitent de plus en plus renoncer à leur citoyenneté, mais la procédure est très compliquée. Les règles et les règlements donnaient à quiconque réfléchissait à l'idée l'impression d'être un traître. Pendant des années, il a fallu avoir une bonne raison pour renoncer (les impôts n'étaient pas un motif légal) et les pénalités étaient coûteuses. Certains avocats spécialisés gagnaient des sommes considérables. J'ai longtemps laissé tomber.

Finalement, j'ai décidé de franchir le pas et j'ai été confronté à une bureaucratie incroyable. Les restrictions avaient été assouplies au point qu'il n'était plus nécessaire de motiver la renonciation à la citoyenneté. D'autre part, le prix avait fortement augmenté (passant d'environ 400 dollars à 2 300 dollars) et le coût des avocats avait également augmenté. La paperasserie était épouvantable. Lorsque j'ai finalement emporté la pile de paquets (les nombreux formulaires étaient adressés à différents États), j'ai été consterné de devoir payer plus de 60 livres sterling (70 euros), rien qu'en frais de port. C'était en quelque sorte le dernier clou d'un cercueil tout à fait désagréable.

Mais la partie « amusante », s'il y en avait une, était la date réelle de renonciation. J'ai dû me rendre à l'ambassade des États-Unis, passer un énorme contrôle de sécurité et attendre mon tour. On m'a appelée à un guichet, où j'ai d'abord dû remettre ma carte de crédit pour le paiement, puis prêter serment. La première partie de ce serment était rédigée dans le langage bureaucratique habituel de l'article de la loi sur l'immigration relatif à la question, puis se poursuivait ainsi

> *« Par la présente, je renonce absolument et entièrement à ma nationalité américaine, ainsi qu'aux droits et privilèges et à tous les devoirs, à l'allégeance et à la fidélité qui s'y rattachent. Je fais cette renonciation intentionnellement, volontairement et de mon plein gré, sans aucune contrainte ni influence indue. »*

J'étais certain que la dernière phrase contenait une bonne quantité de verbiage redondant. En tant que rédactrice, je l'aurais volontiers signalé. En tant que citoyenne américaine qui n'en était presque plus une, j'ai décidé que ce n'était pas souhaitable. J'ai quitté l'ambassade des États-Unis avec le sentiment d'être une femme libre.

Mais j'ai toujours du mal à déterminer le pronom correct.

Dégâts des eaux

2018

Je suis dans un endroit chaleureux, amical, sensuel. Je ne sais pas trop où, mais je me sens bien.

Ploc, ploc. Non, revenez en arrière, revenez en arrière. C'était bien.

Ploc, ploc. Je me suis réveillée. Je regarde l'horloge. Deux heures quinze. *Ploc*.

Je suis dans notre appartement à Paris. D'où cela vient-il ? Je me lève. Peut-être la chaudière ? Non, c'est de l'eau qui coule du plafond fraîchement peint. Je réveille mon mari. Nous avons sorti un contenant pour récupérer l'eau. J'étais presque sûre que l'appartement du dessus était vide — il appartient à un homme qui vit ailleurs et le locataire est parti récemment. Nous montons à l'étage et frappons à la porte. Pas de réponse. Il n'y a plus qu'à se recoucher.

C'est ce qu'on appelle un dégât des eaux. Ce n'est pas une phrase que l'on apprend à l'école. Rien à voir avec le célèbre peintre. Il s'agit simplement d'un dégât des eaux. Cela arrive tout le temps. Vingt ans auparavant, nous avions acheté ce petit appartement à Paris. Une taille raisonnable pour nous : trois pièces, une cuisine et une salle de bains. Sans oublier un grand espace pour ranger les vêtements, appelé en français « cagibi », donc nous l'appelons le KGB.

Beaucoup de gens ont trouvé cela très romantique. Il suffit de traverser le Kent, de passer sous la Manche et voilà, on est en France. Et Paris ! « J'aime Paris au printemps » ; « Nous aurons toujours Paris ». Autant de façons de célébrer la Ville lumière.

Mais nous avons appris très vite que tout n'est pas romantique à Paris. Le nouvel appartement avait besoin d'être repeint et quelqu'un nous avait recommandé un peintre algérien. Dès que nous avons pris possession de notre appartement, nous lui avons demandé de le peindre entièrement. Il ne travaillait que le soir, car il avait un autre emploi en journée. Je lui ai montré la touche de notre téléphone nouvellement installé qui le mettrait directement en contact avec notre maison de Londres. Juste au cas où.

Et, bien sûr, trois semaines après notre emménagement, il y a eu un appel. Son français n'était pas facile à comprendre, mais il était manifestement très agité : « Madame Richardson, madame Richardson, il y a une fuite ! » Mon français n'était pas mauvais, mais je ne savais pas ce qu'était une fuite. Il m'a expliqué : « Il y a l'eau qui coule sur les murs ». D'une certaine manière, ce sont des mots que je connaissais. Une fuite était une sorte d'inondation, terme français que j'ai découvert plus tard. Les ruptures de canalisations font partie intégrante de la vie parisienne.

C'est alors que j'ai appris un tout nouveau vocabulaire. Un « *Boiler* » est une « chaudière ». Une estimation est un « devis ». Le problème (fuite ou autre) est le « sinistre ». Un mot merveilleux dans ces circonstances. Et, mon préféré, le formulaire que vous devez remplir pour la compagnie d'assurance (un formulaire standard) est le « constat à l'amiable », que Google traduit par « *friendly report* », « rapport amical », comme si les voisins ayant subi un dégât des eaux n'étaient jamais fâchés les uns avec les autres. Sans parler des dégâts des eaux.

La première a probablement été la pire. J'avais appelé un ami français qui vivait à proximité et qui s'est rendu sur place immédiatement. Il m'a dit qu'il y avait cinq centimètres d'eau dans tout notre appartement. La chaudière de l'étage avait éclaté, probablement dans la matinée, et l'eau avait coulé à flots dans notre appartement toute la journée. Le locataire de l'époque n'était rentré que le soir, plus tard que notre peintre. Ironie du sort, qui n'aurait pas sa place dans un roman, leur chaudière devait être entretenue le lendemain.

Depuis, il y a eu sept dégâts des eaux ou plus à l'étage. La baignoire débordait. Les tuyaux fuyaient. Un lave-vaisselle en panne… Nous les avons tous vécus. Et à chaque fois, les deux parties doivent remplir des documents pour l'assurance et les gestionnaires immobiliers, nous devons ensuite attendre de nombreux mois pour que l'eau sèche et que tout rentre dans l'ordre. Je connais bien la marche à suivre.

Mais d'une certaine manière, j'avais pensé que nous serions tranquilles pendant quelques années. Cela ne faisait qu'un mois que l'ensemble de la cuisine et de la salle de bains avait été repeint après le dernier sinistre. Cela n'a pas été le cas.

C'est très agréable d'avoir un appartement à Paris. Nous avons beaucoup appris de cette expérience. Mais ce n'est pas toujours romantique.

Ploc.

Post-scriptum. L'histoire ne s'est pas arrêtée là. Alors que le propriétaire pensait avoir réglé le problème, il s'est avéré que ce n'était pas le cas. En effet, le lave-vaisselle des locataires fuyait, ce qui a provoqué une nouvelle inondation. Un plombier est censé avoir réglé le problème. Pourtant, à l'heure où j'écris ces lignes, après une récente inspection, les murs sont toujours humides.

Nous attendons toujours.

Covid-19

2020

Je pense qu'aucun d'entre nous n'oubliera les statistiques quotidiennes. Nous allumions la télévision et nous apprenions combien de personnes étaient mortes de Covid-19 dans notre pays ou dans le monde ce jour-là ou cette semaine-là. Ces chiffres sont vite devenus obsolètes. J'ai écrit un article à ce sujet lorsque les États-Unis comptaient plus de 225 000 décès et le Royaume-Uni près de 45 000. Je me suis interrogée sur la signification de ces chiffres pour nous : 225 000 morts signifient-ils beaucoup plus que 220 000 ? Ce sont deux chiffres importants et ils sont tous deux écrasants. Et effroyables.

Et puis il y a les pertes individuelles. Pendant longtemps, j'ai demandé à mes amis s'ils connaissaient quelqu'un qui était mort du virus. En général, ce n'était pas le cas. Il y a eu beaucoup de décès, mais ils représentaient une proportion minuscule de la population mondiale, ce qui n'était peut-être pas surprenant. Et puis j'ai appris, tout à fait par hasard, qu'une Italienne que je connaissais et qui vivait à Londres — une psychanalyste pour enfants, réfléchie et chaleureuse — était décédée prématurément (mai 2020). Cela m'a fait prendre conscience, comme rien d'autre, de la mort d'une personne adorable parmi tous ces chiffres.

Tout ce qui m'est venu à l'esprit, c'est la perte terrible non seulement pour sa famille et ses amis, mais aussi pour ses patients qui comptaient sur elle pour leur bien-être. Sans parler de ses étudiants (une notice nécrologique mentionnait qu'elle était une enseignante inspirante et perspicace). Les cercles de personnes touchées par la mort d'une seule personne se sont soudain révélés très réels. Et il semblait très injuste qu'elle n'ait jamais eu le temps de se préparer ou de mettre de l'ordre dans ses affaires. Elle a été anéantie d'un seul coup.

Nous garderons tous d'étranges souvenirs de la pandémie. La singularité de l'enfermement, de la présence constante de notre famille, des activités sur Zoom et de la perte de toutes les choses ordinaires de la vie, du déjeuner entre amis à la visite chez le dentiste. Mais pour moi, l'un des aspects les plus marquants sera le temps que nous avons tous eu à disposition. Pendant la majeure partie de notre vie, nous n'en avons jamais eu assez. Nous nous sommes débattus avec les enfants, le travail et les tâches ménagères et nous nous sommes dit : « Si seulement j'avais plus de temps, je m'attellerais à… » ce que nous espérions faire. Même pour ceux d'entre nous qui sont plus âgés, les jours ont semblé disparaître dans notre implication avec les petits-enfants, le travail bénévole ou d'autres activités. C'était certainement le cas pour moi.

Mais soudain, la plupart d'entre nous se sont retrouvés face à de vastes étendues de temps, car les fermetures généralisées nous empêchaient de faire ce que nous avions l'habitude de faire. Dans mon cas, nous n'avons pas pu rendre visite à nos petits-enfants ni à nos amis, nous n'avons pas pu voyager — nous n'avons même pas pu sortir longtemps. On nous a tous dit de rester à la maison et de rester en bonne santé.

Mais avons-nous fait toutes ces choses que nous avions toujours voulu faire ? Je l'ignore, mais je sais que dans ma propre situation, ma réponse initiale a été un non catégorique. Je n'ai pas vidé le grenier ni trié de vieux livres. Je n'ai pas appris une nouvelle langue, activité recommandée pour améliorer notre mémoire. Surtout, et c'est très surprenant, j'ai constaté que je ne pouvais pas écrire. C'était vraiment inquiétant.

J'ai commencé à me demander où allait mon temps. Nous regardions beaucoup les nouvelles, nous consacrions du temps à l'exercice explicite, puisque l'exercice implicite de la vie quotidienne auquel on ne pense jamais n'existait plus, nous téléphonions à nos amis et nous avions de longues discussions. Nous avons essayé de lire ou de nous adonner à d'autres passe-temps pour nous occuper l'esprit. Et c'était la même chose le lendemain, avec des permutations différentes. Le jour de la marmotte, comme l'ont fait remarquer plusieurs personnes. Pas le temps de mettre en œuvre tous ces projets.

Mais le temps n'était pas vraiment le problème. Le vrai problème était notre état d'esprit. Nous étions agités, nous n'arrivions pas à nous poser. Nous nous inquiétions pour nos proches vulnérables. Nous nous inquiétions de l'impact des changements économiques sur notre situation financière, sans parler de celle de nos enfants et de leurs familles. Nos émotions étaient constamment à fleur de peau, notre esprit manquait de clarté et ce n'était pas le moment de faire les choses. Il y avait toujours le lendemain.

L'écrivain qui est en moi a trouvé cela extrêmement frustrant. Je voulais utiliser mon temps à bon escient et soudain, je le gaspillais. Normalement, j'étais très autodisciplinée, capable de négocier avec la famille et les autres distractions qui m'entouraient, pour me mettre au travail. Je pouvais mettre des œillères invisibles pour être dans le bon état d'esprit et sortir les mots. Mais tout cela avait disparu. Les mots ne venaient pas.

Au début, j'ai posté une courte note sur deux groupes Facebook distincts pour écrivains, disant que j'avais du mal à écrire et que je trouvais cela ennuyeux. Je m'attendais à cinq ou dix réponses, peut-être, sur chaque site. En fait, j'ai reçu plus de 200 réponses d'écrivains du monde entier, qui décrivaient presque tous leur incapacité à se poser. Et qu'ils détestent cela. Au moins, je n'étais pas seule.

Et puis une chose étrange s'est produite. J'ai été tellement émue par le nombre de personnes dans la même situation que j'ai rédigé un petit article sur le sujet à l'intention de mes collègues écrivains. J'ai écrit un autre article, plus général, pour un lectorat plus large. Les deux ont été très bien accueillis par les lecteurs, qui m'ont dit qu'ils rencontraient les mêmes difficultés. Je me suis alors rendu compte que cette démarche avait permis d'éviter le problème. Après tout, je pouvais écrire.

Et ce livre en est le résultat.

ULTIMES RÉFLEXIONS : AIMERIONS-NOUS ÊTRE JEUNES À NOUVEAU ?

On nous dit, lorsqu'il faut prononcer un discours, qu'on doit annoncer aux gens ce que nous allons dire, le dire et ensuite leur répéter ce que nous avons dit. Ainsi, suivant ce sage conseil dans ce contexte très différent, j'affirmerai une fois de plus que je trouve qu'être vieux n'est non seulement pas mal, mais que cela peut même être très amusant. Certes, quelques roues se dérobent de temps à autre, mais dans l'ensemble, c'est une période où il fait bon vivre.

Mais permettez-moi de m'arrêter un instant et d'envisager la proposition inverse : aimerais-je revenir à mes années passées ? Ai-je l'impression d'avoir été plus heureuse à l'époque ? Était-ce plus facile ? En bref, préférerais-je être jeune à nouveau ? Et si oui, à quel point ? Et qu'en pensent les autres ?

Certains disent que l'enfance représente les années les plus heureuses, celles où l'on est complètement insouciant et responsable de peu de chose. Les circonstances diffèrent, bien sûr, mais pour la plupart des gens, il s'agirait d'une période où il suffit de se lever le matin, de se rendre à l'école, de jouer avec ses amis et, éventuellement, de faire quelques corvées.

Personnellement, je pense que l'enfance est largement surestimée. Pour certains, elle peut avoir été une période facile et agréable, mais elle peut aussi être une période de grand stress. Vous ne comprenez pas le monde, vous ne savez pas où vous allez dans la vie, vos « amis » peuvent être difficiles et parfois même intimidants. Pire encore, vous ne vous comprenez pas vous-même — ni vos forces ni vos faiblesses. Certaines personnes regardent en arrière et ne voient que le positif. Mais j'ai moi-même eu pas mal de problèmes dans mon enfance et j'ai vu mes enfants et mes petits-enfants en souffrir à leur tour. Pour rien au monde je ne reviendrais à cette époque.

L'adolescence est sans aucun doute une période passionnante, car on commence à explorer le monde et ses possibilités. Vous devenez beaucoup plus conscient des autres, de vous-même et de votre place parmi vos amis et votre entourage. Vous commencez à vous demander où vous allez dans la vie et ce que vous devez faire pour y arriver. Peut-être vous sentez-vous très populaire et sûr de vous, mais je soupçonne que ce n'est le cas que pour une minorité d'entre vous. L'adolescence et ses suites représentent une période d'angoisse telle qu'il est difficile de penser que beaucoup de gens voudraient y retourner.

Une fois passé le pire de l'adolescence, la vie devient un peu plus facile. Vous avez entamé des études ou avez un emploi. Vous explorez vos relations personnelles, vous choisissez peut-être un partenaire et vous avez des enfants. Vous avez peut-être déménagé dans une nouvelle région en raison de votre travail ou de vos relations. Oui, c'est passionnant. Beaucoup de nouvelles joies. Un nouveau partenaire ou mari. Un ou deux nouveaux bébés. De nouvelles responsabilités au travail. Commencer à se connaître soi-même. Oui, oui, oui. Mais quand je regarde en arrière, je vois aussi beaucoup de problèmes.

La période de la vingtaine est particulièrement problématique. On est officiellement déclaré adulte, mais souvent on ne se sent pas et on n'agit pas comme tel. Il n'est pas facile de trouver un lieu de vie permanent et, de fait, beaucoup continuent aujourd'hui à vivre chez leurs parents. Plus difficile encore, beaucoup de gens ressentent la pression de ne pas vraiment savoir où ils vont en termes de carrière ou même de partenaire. S'ils ont choisi une activité, ils se demandent s'ils seront suffisamment doués. Certains se demandent également si le partenaire qu'ils ont choisi est vraiment le bon. Pour beaucoup, c'est encore une fois une période déstabilisante.

Tout devient un peu plus facile à la trentaine. Certaines questions se sont clarifiées, en bien ou en mal. Mais à l'approche de la quarantaine, on se demande si l'on a fait assez bien. En outre, tout le monde est extrêmement occupé et tiraillé dans de nombreuses directions — la recherche d'une promotion, les besoins du partenaire et des enfants. Souvent, on s'aperçoit que même les amis sont trop occupés pour parler. Est-ce si bien que cela ?

Au moins, lorsque les gens atteignent le milieu de leur vie, ils se connaissent assez bien. Ils ont commencé à apprendre à exploiter leurs points forts et à vivre avec leurs limites. Les femmes ont fini d'avoir tous les enfants qu'elles auront jamais, ce qui peut être considéré comme une joie, un soulagement ou une source de malheur considérable. Mais nous savons au moins où nous en sommes à cet égard. Elles peuvent également être confrontées aux symptômes de la ménopause, qui peut ne poser aucune difficulté ou être à l'origine de problèmes majeurs. Enfin, elles peuvent être confrontées à la fameuse double pression des enfants adolescents et des parents vieillissants, qui requièrent tous deux leur attention. Pour certaines, il s'agit de la période la plus stressante de leur vie.

Il s'agit là de questions très individuelles, qui varient en fonction de la trajectoire de la vie d'une personne et de celle de son entourage. Mais à mon avis, plus on avance en âge, plus les choses s'améliorent. Les premières années sont difficiles, les années intermédiaires un peu meilleures. La cinquantaine a été formidable, la soixantaine très bien et les choses ne se sont pas dégradées ensuite, ou du moins pas beaucoup. Tout le monde ne sera pas d'accord. Cela dépendra beaucoup de la santé et des relations, deux facteurs sur lesquels nous n'avons que peu d'emprise. Et, bien sûr, si nous pouvions être plus jeunes avec la confiance et la sagesse que nous avons aujourd'hui, les réponses seraient différentes. Mais ce serait de la triche.

J'ai publié un article à ce propos à deux reprises, à 18 mois d'intervalle, dans le magazine féminin en ligne *SixtyandMe.com*, en invitant les lecteurs à faire part de leurs commentaires. Au total, environ 215 commentaires de lecteurs ont été recueillis. Parmi eux, 122 ont exprimé une nette préférence pour un âge particulier, dont voici les réponses :

enfance :	2
adolescence :	5
la vingtaine :	9
trentaine :	20
quarantaine :	27
cinquantaine :	8
soixante et plus :	<u>51</u>
	122 réponses

En résumé, 71 personnes (58 %) ont indiqué qu'elles préféreraient être plus jeunes, tandis que 51 (42 %) étaient très heureuses là où elles se trouvaient. La plupart de ces derniers avaient la soixantaine, mais un petit nombre était plus âgé, dont un ou deux octogénaires.

Il ne s'agit pas d'un échantillon aléatoire, mais je l'ai trouvé intéressant. Bien que la majorité ait déclaré qu'elle préférerait être plus jeune, de nombreux commentaires étaient plus nuancés que ne le suggèrent les chiffres. Beaucoup ont indiqué qu'ils aimeraient être plus jeunes, mais avec les connaissances et la confiance qu'ils ont aujourd'hui, de sorte qu'ils ne devraient peut-être pas figurer dans le sondage. Certains voudraient simplement profiter à nouveau de l'enfance de leurs enfants. D'autres encore aimeraient être plus jeunes pour pouvoir prendre des décisions différentes et meilleures concernant leur vie. En d'autres termes, il ne s'agissait pas d'un vote clair en faveur de la jeunesse en tant que telle.

Un grand nombre de personnes âgées satisfaites se sont empressées d'expliquer pourquoi. Certaines semblaient tout simplement très contentes de leur vie :

« Pour moi, avoir 60 ans c'est parfait. Je me rends compte que nous avons tous notre histoire et notre meilleure période. Je crois que ma meilleure période est la soixantaine et j'ai l'intention d'en profiter. » (Karen)

« J'aime, j'ADORE l'âge que j'ai aujourd'hui. À presque 65 ans, je suis active, plus sage, je fais de meilleurs choix de vie et je profite de la retraite. » (Debra)

« Je ne voudrais pas paraître ou être plus jeune. Mon âge, mes cheveux gris et mes rides sont parfaits ! ». (Barbara)

Certains ont affirmé qu'ils considéraient leurs dernières années comme une progression naturelle :

« J'adore avoir 67 ans. J'ai travaillé dur pour en arriver là, heureuse et en bonne santé. Je prévois de prendre ma retraite dans quelques mois et de profiter de la prochaine période de ma vie. » (Carrie)

« Je suis tout à fait à l'aise à l'âge que j'ai, 67 ans. J'ai eu jusqu'à présent une vie colorée, mouvementée, déchirante, gratifiante et extraordinaire. Je ne changerais rien. » (Shelly)

« J'aimerais que mon corps soit jeune, sans les craquements, l'affaiblissement et peut-être avec quelques rides en moins, mais je préfère être le bon vin vieilli à la perfection que je suis devenue. » (Carmela)

« Je me sens bien à 86 ans. Chaque année a plus à offrir et nous ne savons jamais ce que l'avenir nous réserve. » (Brenda)

Et certains se félicitent d'avoir une bien meilleure estime d'eux-mêmes :

« Non, je ne voudrais pas être plus jeune. Il m'a fallu beaucoup de temps pour arriver là où je suis mentalement, émotionnellement, physiquement et spirituellement. Je ne reviendrais jamais en arrière. J'adore ma vie à 66 ans. » (Judi)

« Il m'a fallu 62 ans pour commencer à m'aimer vraiment et à m'enthousiasmer pour mes projets d'avenir... C'est mon heure maintenant et tout va bien. » (Patricia)

« Bon sang, NON. Ma vie de jeune femme était un gâchis, par ma faute. Plus vieille et, je l'espère, plus sage. Je n'ai aucune envie de revenir en arrière. » (Lee)

« Je suis enfin en train de me comprendre. Pourquoi voudrais-je revenir en arrière ? » (Dianne)

Ces commentaires concordent avec un certain nombre d'enquêtes menées pour examiner le bonheur à différents âges. Pour n'en citer qu'une, une grande étude menée auprès de 300 000 adultes au Royaume-Uni a révélé que la satisfaction à l'égard de la vie, le bonheur et le sentiment général que la vie vaut la peine d'être vécue atteignaient leur maximum chez les hommes et les femmes âgés de 65 à 79 ans (*Office for National Statistics, Measuring National Well-being in the UK*, 2016). Ces affirmations étaient toutefois moindres chez les personnes âgées de plus de 80 ans, peut-être en raison d'une moins bonne santé et d'une plus grande solitude.

Que pouvons-nous donc conclure de tous ces points de vue ? Chaque vie a son propre parcours — ses hauts et ses bas, ses joies et ses tribulations. Il n'est pas possible de prédire si l'ensemble constitue une vie heureuse ou une vie décevante, en raison de la multitude d'événements qui se produisent au cours de notre vie. Mais il semble qu'un grand nombre d'entre nous parviennent à la conclusion — en joignant le bon au mauvais — que l'âge a beaucoup à offrir. Ce n'est pas inévitablement une période difficile. Il reste beaucoup de choses à tester, à goûter, et à savourer. Pour reprendre les mots de l'une de ces femmes, « un bon vin qui a vieilli jusqu'à la perfection ».

Il y a de quoi se réjouir.

ÉPILOGUE : La mauvaise surprise

Que faire quand on a écrit tout un livre sur la vieillesse et la chance et que soudain la chance s'envole ? Ma seule solution est d'écrire sur le sujet.

Lorsque vous atteignez le milieu des années 70 et qu'il n'y a pas eu de crise de santé majeure, vous savez que vous avez eu de la chance. Si vous avez un conjoint ou un partenaire et que « vous » signifie les deux, vous savez que vous avez eu doublement de la chance. Aujourd'hui âgée de soixante-dix-neuf ans et mon mari de quatre-vingt ans, je dis à mes amis depuis quelques années que nous pouvons raisonnablement nous attendre à ce qu'un bloc de béton nous tombe sur la tête, métaphoriquement parlant, à tout moment. Il n'y a aucune certitude quant au moment ou à l'endroit, mais c'est de plus en plus possible.

Cancer ? Crise cardiaque ? Une mauvaise chute ? Ou, pire encore, une forme de démence ?

Et puis ce bloc est tombé. Cette année, le soir du vendredi de Pâques, nous étions en train de discuter de tout et de rien en particulier lorsque mon mari m'a dit qu'il voyait flou. Cela venait de se produire, il n'y avait pas d'autres symptômes, mais cela ne semblait pas normal. En appelant une ligne d'assistance médicale et un ami optométriste, on lui a suggéré de consulter un ophtalmologue. Les deux ont suggéré un hôpital ophtalmologique particulier, mais aucun n'a laissé entendre qu'il y avait une urgence.

Le lendemain, samedi de Pâques, il n'y avait pas grand-chose d'ouvert. Même dans la grande métropole qu'est Londres. Ni notre propre cabinet de médecin généraliste ni l'hôpital ophtalmologique recommandé. L'opticien local n'avait pas de rendez-vous, mais il n'y avait de toute façon pas d'ophtalmologue sur place. Bref, nous nous sommes rendus à l'hôpital ophtalmologique le plus connu de Londres, où un médecin perspicace a craint qu'il ne s'agisse d'un accident vasculaire cérébral. À mon éternelle reconnaissance, il a obtenu, à force de persévérance, d'être orienté vers une excellente unité de traitement des accidents vasculaires cérébraux dans un hôpital de proximité.

Nous avons alors appris que mon mari avait été victime d'un accident vasculaire cérébral hémorragique, entraînant une affection oculaire appelée hémianopsie homonyme. Les H difficiles à épeler semblaient faire partie de l'affection. Il est resté deux nuits à l'hôpital (il aurait dû rester plus longtemps, mais il a réussi à rentrer chez lui en arguant qu'il se rétablirait plus vite en dormant et en mangeant bien — et qu'ils avaient peut-être besoin d'un lit).

Les soins prodigués par le Service national de santé (SNS) ont été excellents. Le lendemain de son retour à la maison, un ergothérapeute est venu chez nous pour évaluer ses besoins et lui donner des conseils. Le médecin spécialiste des accidents vasculaires cérébraux a téléphoné deux fois au cours des deux premières semaines, une infirmière spécialisée dans les accidents vasculaires cérébraux a téléphoné une fois pour fournir un numéro de téléphone d'assistance et le médecin principal de l'hôpital ophtalmologique a également téléphoné pour dire qu'ils seraient en contact lorsque ses yeux se seraient calmés.

Quant au patient, il est resté très fatigué, sans autre handicap que celui de ses yeux. En effet, après quelques jours, il était clair qu'il pouvait lire lentement un journal, se promener et faire la plupart des choses habituelles. Il pouvait regarder la télévision, mais avec parfois quelques difficultés (par exemple, il lui arrivait de ne pas réussir à voir le ballon lors d'un match de football télévisé, en fonction de l'angle de la caméra). Mais c'est un lecteur passionné, et il est probable qu'il ne pourra plus lire de livre parce que sa lenteur l'empêche d'assimiler le rythme et le sens de la prose. Oui, il existe des livres audio, mais ce n'est pas du tout la même chose.

Mais tout cela n'est qu'un préambule à ce que j'ai le plus envie d'écrire, à savoir notre réaction face à cette situation, en particulier la mienne. On ne sait jamais avant que cela arrive. D'accord, un bloc de béton est tombé. Oui, cela risque de changer la texture de la vie de mon mari et donc de la mienne. Cela peut en effet raccourcir sa durée de vie. On nous a dit que sa vue pourrait s'améliorer, mais que c'était peu probable.

De nombreuses personnes se sentent frustrées et en colère dans ce genre de situation et on m'a effectivement prévenue qu'il pourrait changer de personnalité. C'était la suggestion la plus terrifiante de toute cette expérience. Mais c'est un homme calme et patient, qui n'a jamais exprimé la moindre frustration. « C'est comme ça », dit-il, « j'apprendrai à faire avec ». Il a un sens de l'humour décapant qui n'a pas disparu, Dieu merci. En fait, il n'y a eu aucun changement de personnalité.

Je suis entrée dans une période d'émotion suspendue — ni fâchée ni soulagée, je tenais bon. Une partie de moi voulait sans doute s'effondrer. Me plaindre de ce qui était arrivé et de l'injustice que c'était. Mais je savais que ce n'était pas « injuste », car l'équité n'a rien à voir avec ces événements. Et ma réaction la plus forte a été de dire qu'il avait eu de la chance — et donc moi aussi. Il aurait pu être handicapé à vie. Il aurait pu perdre la parole. Il aurait pu mourir. Mais tout ce qu'il avait eu, c'était la perte d'une partie de sa vue. Il s'en était tiré à bon compte, avait évité la balle, selon la métaphore de votre choix.

À un moment donné, environ deux semaines après l'événement, j'ai craqué et j'ai pleuré, un court instant, mais puissamment, après avoir cherché à savoir si cela raccourcissait sa durée de vie. Un gouffre terrifiant s'est ouvert brièvement — suffisamment pour jeter un coup d'œil par-dessus le bord — puis s'est refermé.

Je pense que le psychisme sait exactement combien de douleur vous pouvez supporter — et quand — et qu'il la distribue de manière appropriée. J'ai retrouvé mon calme. Je pense que c'est une réaction assez courante aux catastrophes, quelles qu'elles soient, de décider que l'on a eu de la chance, qu'il y a quelqu'un de plus mal loti que soi. Il y a des années, la tante de mon mari, alors veuve et âgée de plus de soixante-dix ans, a été expulsée de sa maison bien-aimée à la suite d'une inondation majeure dans le nord du Pays de Galles. Pour des raisons sanitaires, elle a dû vivre dans une caravane à côté de sa maison pendant des mois, pendant que les autorités nettoyaient lentement les nombreuses maisons touchées. Elle était à l'étroit, ne disposait que d'installations limitées pour cuisiner et se laver, et ne souhaitait manifestement pas vivre ainsi.

S'est-elle plainte ? Non, elle nous a dit qu'elle était désolée pour l'homme en bas de la rue, qui se trouvait dans la même situation, mais souffrait d'une maladie cardiaque. « Cela doit être très dur pour lui », a-t-elle fait remarquer. J'ai pensé alors — et je pense toujours — qu'il y a toujours « un homme en bas de la rue ». Quelqu'un de plus mal loti. Cela nous fait apprécier ce que nous avons.

Pour ce qui est de l'avenir, nous continuerons d'attendre pour voir s'il y a une amélioration et quelles sont les ressources disponibles pour cette maladie. Entre-temps, ce bloc de béton peut toujours survenir — cancer, crise cardiaque, chute brutale ou, pire, une forme de démence. On ne sait jamais.

Et je préfère encore être vieux — à condition d'être en bonne santé et d'avoir beaucoup de chance.

Remerciements

Comme pour tous les écrivains, il convient de remercier les nombreuses personnes qui, telles des sages-femmes, ont contribué à la naissance de ce livre. Tout d'abord, un certain nombre de personnes ont lu et commenté les premières versions — dans certains cas, deux fois. Il s'agit, par ordre alphabétique, de Matt Crisci, Patricia Gitt, Bonnie Milani, Cathy Nicholls, Nicola Rossi, Wendy Sykes et Greg Thompson. J'aimerais pouvoir dire que j'ai suivi fidèlement leurs conseils, mais cela s'est avéré impossible. Nombre de leurs recommandations clairement réfléchies se sont malheureusement contredites et j'ai dû évaluer moi-même leurs points de vue respectifs. Néanmoins, elles m'ont forcée à réfléchir à deux fois, ce qui est toujours une bonne chose.

Deuxièmement, certains de ces écrits ont d'abord été publiés sur *SixtyandMe*, un important magazine en ligne destiné aux femmes âgées, bien que la plupart d'entre eux aient été quelque peu modifiés depuis. Un ou deux ont été publiés par *BooksGoSocial*, une organisation de commercialisation de livres pour les écrivains. Un article (*Rencontre à Rome*) a remporté le premier prix du concours mensuel d'écriture de nouvelles d'un blogueur et a ensuite été publié dans une anthologie de ce type d'histoires. Je suis très reconnaissante envers toutes ces personnes d'avoir encouragé mes efforts.

Pour cette édition en français, je souhaite tout particulièrement remercier Catherine Doukakis qui, à mon avis, a produit un texte excellent et plein de sensibilité, ainsi que mon amie Claire Verillaud qui a eu la gentillesse d'effectuer une lecture finale et un formidable travail de correction.

Enfin, je suis extrêmement reconnaissante envers Bobby Clennell, qui a pris le temps, malgré son emploi du temps chargé, de réaliser le dessin de la couverture. Les lecteurs l'auront peut-être deviné, mais c'est bien de moi qu'il s'agit.

Chère lectrice, cher lecteur

J'espère sincèrement que vous avez aimé lire ce livre. Si c'est le cas, je vous serais reconnaissante d'écrire une courte critique sur une page de critique de livre appropriée. Cela permettra à d'autres personnes de savoir si le livre peut les intéresser.

Il n'est pas nécessaire qu'elle soit longue - quelques phrases suffisent.

Et merci !

À propos de l'autrice

Je vis à Londres avec mon mari. Je suis la mère de deux enfants adultes et j'ai deux petits-fils.

Tout au long de ma vie professionnelle, j'ai été chercheuse en sciences sociales, explorant les points de vue des gens sur les questions de santé et de soins sociaux par le biais d'entretiens et de groupes de discussion. Grâce à ce travail, j'ai écrit de nombreuses publications au fil des ans, destinées à des publics universitaires et professionnels.

Mais ce que j'aime vraiment, c'est écrire des livres pour le grand public sur les expériences et les sentiments des gens sur un sujet important pour eux, racontés avec leurs propres mots.

J'ai écrit trois livres de ce type, décrits brièvement ci-dessous.

Si vous souhaitez en savoir plus sur moi ou sur mes livres, n'hésitez pas à visiter mon site web : www.annrichardson.co.uk.

Vous y trouverez un petit livret « d'essai » qui vous permettra de lire quelques extraits de chaque livre. Ce livret s'intitule « *In Their Own Words* » (« Dans leurs propres mots ») et peut être téléchargé gratuitement.

Et si vous avez aimé ce livre et que vous comprenez l'anglais, vous pouvez également vous abonner à ma newsletter *Substack* qui contient un court article tous les quinze jours.

Ces articles portent sur tous les sujets qui m'intéressent, il y a même une courte vidéo de moi faisant le poirier.

arichardson.substack.com

214

N'hésitez pas !

Quand soigner *est un privilège : Réflexions sur l'accompagnement des mourants*
Glenmore Press, 2017
Préface de Tony Benn.

Mourir — c'est un sujet qui met mal à l'aise. Aucun d'entre nous n'aime penser à ce que seront ses derniers jours. Mais si c'est le cas, nous voulons qu'ils soient paisibles et tranquilles, avec la possibilité de dire au revoir à ceux que nous aimons. *Ce livre* vous emmène dans les coulisses des soins de fin de vie, où vous verrez les efforts considérables déployés par les infirmières, les médecins, les aumôniers et d'autres personnes — même un cuisinier attentionné — pour apporter le calme que nous espérons tous.

Vous êtes peut-être à la recherche de soins de fin de vie pour un être cher. Vous vous demandez peut-être si ce métier est fait pour vous. Ou vous avez simplement envie d'être inspiré par l'humanité dans ce qu'elle a de meilleur. Ce livre est fait pour vous.

Hautement recommandé par la British Medical Association, 2008

« Un livre facile à lire, qui surprendra de nombreux lecteurs par sa légèreté, son humanité et son ton rafraîchissant ». **Dr Nansi-Wynne Evans, médecin généraliste,** *BMA Medical Book Competition*

« Les réflexions simples sur des domaines de soins complexes résonnent longtemps après la fin de la lecture du livre ». *Collège royal des infirmières*

« Écrit avec une clarté et une sensibilité qui font de ce livre un plaisir à lire. Certains passages m'ont fait pleurer et, à ma grande surprise, d'autres m'ont fait rire. Malgré son sujet, ce livre est plein de vie. Il est honnête et intéressant. Une lecture fascinante ». **Dr Elizabeth Lee, médecin généraliste**

disponible en livre de poche et e-book traduit en français et en portugais

Lien : https://www.books2read.com/u/bpWk0z

Wise Before their Time: People with AIDS and HIV talk about their lives[12]
Glenmore Press, 2017 (avec Dietmar Bolle)
Avant-propos de Sir Ian McKellen

Ils sont jeunes et atteints d'une maladie potentiellement mortelle...

Nous sommes en 1991. Les diagnostics de VIH augmentent et aucun remède n'est en vue. Venus des quatre coins du monde, plus de quarante jeunes hommes et femmes parlent de leur vie avec le VIH et le sida. Ils doivent faire face à l'énorme stigmatisation, au blâme et à la culpabilité associés à la maladie. En outre, il leur est difficile d'informer leurs parents et leurs partenaires, de rester en bonne santé et de chercher du travail, tout en faisant face à un avenir inévitablement plus court.

---

[12] « Sage avant l'heure : des personnes atteintes du SIDA et du VIH se dévoilent »

Pourtant, ils restent déterminés à célébrer les joies de la vie autant qu'ils le peuvent. Ce livre témoigne de la résilience de l'esprit humain.

« Cette collection d'histoires vraies est aussi puissante que n'importe quel grand classique de la fiction. Tous ceux qui liront *Wise before their time* seront confrontés au plus grand défi de notre époque. » Sir Ian McKellen

Disponible en livre de poche et en livre électronique

Traduit en espagnol et en portugais lien :

https://www.books2read.com/u/3GYq8r

Celebrating Grandmothers: Grandmothers talk about their lives[13]
Glenmore Press, 2017

Devenir grand-mère est à la fois excitant et difficile. Dans ce livre, 27 femmes décrivent — avec leurs propres mots — comment elles ont réagi aux nombreux nouveaux plaisirs et exigences du rôle de grand-mère. Vous lirez comment leur nouveau rôle a changé la texture de leur vie, leurs relations familiales et leur perception d'elles-mêmes.

Que le fait d'être grand-mère soit pour vous une source de grande joie — ou de douleur en raison de l'éloignement ou de problèmes familiaux — ce livre vous parlera. Et vous y trouverez de

---

[13] 'Célébrons les grands-mères : des grands-mères nous racontent leur vie' ndlt

nombreuses bonnes idées sur la manière d'offrir le meilleur à vos enfants adultes et à vos petits-enfants.

« Une analyse fascinante de ce que l'on ressent aujourd'hui en tant que grand-mère — de la joie et de l'épanouissement aux déceptions et aux angoisses. Un livre qui réchauffe le cœur sur le fait d'être grands-parents… ». **Virginia Ironside, tante à l'agonie et romancière**

Ce livre constitue un cadeau original pour les grands-mères débutantes ou expérimentées.

Disponible en livre de poche et en e-book

Traduit en espagnol et en portugais

Lien : https://smarturl.it/celebratingrandm